新时代版

上下五千年

总主编　张海鹏
执行主编　王育济　于化民

②

春秋战国

少年儿童出版社

江苏常州武进淹城遗址

出版工作委员会

主　任

冯　杰

副主任

洪星范 林　斌

编辑组成员

孙浩伟 马淑艳 曹　燕 王浩浩 王奔惑

美术总监

赵晓音

整体设计

施喆菁

技术编辑

吴轶伟 许　辉 陈钦春

责任校对

石玲凤 沈丽蓉 陶立新 黄亚承 黄　岚

特约编审

沈　岩

出版工作组

《新时代版上下五千年·春秋战国》

责任编辑 曹　燕 王奔惑

美术编辑 施喆菁

装帧设计 施喆菁

插图绘制 芮婷智

排　　版 上海商务数码图像技术有限公司

序　言

中国是世界文明古国之一，有五千多年的发展史。中华文明是世界上唯一不曾中断的文明史，有着自己独特的文明特质。“上下五千年”代指整个中国历史。作为中国人，应该了解自己民族的历史，树立起文化自信、民族自尊。

“四十年阅读魅力，五千年璀璨文明。”《上下五千年》是我国第一部贯通中华五千年文明的少儿历史通俗读物，由林汉达先生开创了“以故事讲历史”的形式，自从二十世纪七八十年代问世以来，一直受到读者的热烈欢迎，在海内外产生了广泛而深远的影响，由此成为少年儿童出版社的经典品牌图书。从第一版到现在，《上下五千年》已经完成了几次重大的内容更新与增补，给几代读者留下了美好的阅读记忆。

党的十八大以来，中国进入社会主义的新时代，学习和把握上下五千年的中华历史，重构对中华文明的尊重与思考，发扬中华优秀传统文化的特质，建立更深沉、更持久的文化自信，已经成为中国文化发展的一个崭新标识。在这样一种宏大的社会背景中，少年儿童出版社认真总结了过去四十余年的出版经验，对《上下五千年》从内容到形式进行了全面改造，推出了符合新时代需求的全新版本。

这次推出的《上下五千年》（新时代版），以“弘扬正气，积极向上；当代意识，现实观照；以事带史，小中见大；故事性强，文辞优美；言之有物，力避空泛”为宗旨，对全书的规模、版块、内容、艺术表现和包装等，重新进行了整体设计。从中国上下五千年的历史长河中，精选数百个条目，按照习近平总书记“讲好中国故事”的要求，以图文并茂的形式把中国历史呈现给小读者。

在近三年的编纂过程中，二十余位史学界权威专家教授组成了编委会，七十余位中青年史学家组成作者团队，大家本着严谨求实的态度，在新时代史学观念的指引下，重新拟定条目、遴选素材，充分吸收新的研究成果，不仅按照时间顺序勾勒出中国历史发展的主线，还增加了许多专题史内容，生动展现出中华民族一路走来的曲折历程和创造的灿烂文化。作者们撰写各篇目时，延续了林汉达先生开创的“以故事讲历史”的形式，在保证专业性的同时，也注重故事性、可读性，并且搭配了许多插图、历史照片、小贴士、名人名言等，以期更符合当代小读者的阅读习惯、审美趣味和认知能力。

少年儿童是祖国的未来，是中华民族的希望。为少年儿童服务，就是为祖国的未来服务。现在这一代少年儿童，在中华人民共和国成立百年，即中华民族伟大复兴完成的时候，他们当成长为国家的栋梁之材。帮助他们了解中华民族五千年文明发展史，就是帮助他们系好人生的第一粒纽扣，不仅能让更多小读者从历史中看到华夏文明的璀璨、民族精神的可贵，还能激发他们的民族自豪感和为中华民族伟大复兴事业献身的爱国主义热情。少年儿童出版社及时推出了符合时代需求的《上下五千年》全新版本，相信可以在普及国民历史教育，尤其是在普及少年儿童的历史教育、构筑国家文化战略的根基方面，发挥应有的作用。

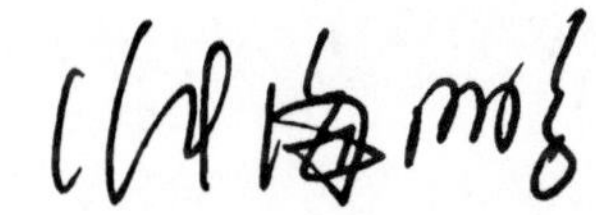

目 录

诸侯称霸

002 · 周平王东迁
005 · 管鲍之交
008 · 齐鲁长勺之战
010 · 春秋首霸齐桓公
014 · 宋楚泓之战
018 · 晋文公称霸诸侯
022 · 秦穆公广揽人才
026 · 弦高假命犒秦师
030 · 楚庄王一鸣惊人
033 · 楚令尹孙叔敖
038 · 晏子能言善辩
040 · 老子传世“五千言”
042 · 《道德经》流行全球
046 · 孔子周游列国
050 · 孔子兴办私学
054 · 修身治世说《论语》
060 · 伍子胥过昭关
064 · 孙武与《孙子兵法》
068 · 勾践卧薪尝胆
072 · 《诗经》里的历史与美
076 · 《春秋》与《左传》

列国争雄

082 · 韩赵魏三家分晋
086 · 墨子倡导“兼爱”
090 · 曾侯乙墓及编钟
094 · 《甘石星经》
098 · 孙膑庞涓斗智
102 · 商鞅变法
108 · 孟子拟圣而作
110 · 稷下学宫
116 · 扁鹊行医
119 · 庄子逍遥自得
122 · 合纵连横
126 · 屈原与《离骚》
130 · 赵武灵王胡服骑射
134 · 文武同心将相和
140 · 范雎远交近攻
144 · 赵括纸上谈兵
148 · 战国四公子
154 · 奇货可居
158 · 李冰修建都江堰
162 · 李斯与《谏逐客书》
164 · 法家韩非子
168 · 荆轲刺秦王

莲鹤方壶

诸侯称霸

《上下五千年·春秋战国》是丛书的第二册，分为《诸侯称霸》《列国争雄》两个篇章。其中《诸侯称霸》主要讲述了春秋（前 770—前 476）的故事。“春秋”的得名，源于中国流传下来的第一部编年体史书《春秋》。

“烽火戏诸侯”虽然只是一个传说，但却拉开了春秋的序幕。周平王东迁之后，王室日渐衰微，王权下移引发了诸侯间二百余年的争霸。管仲相齐与齐桓公首霸春秋，晋文公争霸中原，秦穆公独霸西戎，楚庄王一鸣惊天下，夫差、勾践的吴越图霸……在广阔的历史舞台上，上演了一幕又一幕起伏跌宕的历史大剧，客观上推动了天下统一的进程。

春秋是诸侯的时代，更是诸子的时代。老子、孔子、孙子，以及《春秋》《左传》《诗经》，矗立起中华文化的座座高峰。孔子所开创的儒家、老子所开创的道家，塑造了中国文化的基本格调。春秋诸子的文化智慧，如“道法自然”“和而不同”“不战而屈人之兵”等，也有着全球性影响；“己所不欲，勿施于人”，更是当今世界所公认的处理国际关系的黄金准则。

仰望天空，春秋时期留下了三十五次有关“日食”的准确记载；“星孛入于北斗”，这是人类有关哈雷彗星的最早记录，也是星空科学史上的“中国璀璨”。

周平王东迁

周平王东迁，是西周和东周的分水岭，它标志着西周的终结、东周的开端。东周又分为两个历史时期——春秋和战国。东迁之后的周王室中央王权逐渐失控，拉开了诸侯争霸的序幕。

烽火戏诸侯

恃宠娇多得自由，骊山举火戏诸侯。
只知一笑倾人国，不觉胡尘满玉楼。
——［唐］胡曾《咏史诗·褒城》

周宣王去世后，太子宫涅（shēng）继位，即周幽王。此时，周朝的社会矛盾已经积重难返，国势江河日下。王室财政危机、边境部落不断袭扰、贵族大臣的专权、诸侯大国对王室权威的蔑视，都让周幽王感到无能为力。

周幽王继位的第二年，镐京一带发生了大地震，王畿地区的渭水、洛水和泾水断流，岐山也因此崩塌。周人认为，河水断流、高山崩塌是上天垂示的亡国之兆，太史伯阳父悲观地预言“周朝十年内就会灭亡”，整个国家弥漫着一股阴郁的气氛。“宣王中兴”为周王室挣回来的威望，在大地震造成的恐慌中已经荡然无存。况且，周幽王并没有父亲周宣王那样的雄心壮志，他不理国事，一心享乐，重用善于敛财的虢石父来主持国政。虢石父为人虚伪，贪财好利，搞得朝政昏暗，国人无不怨恨。

后来，周幽王为了选择继承人，与贵族、诸侯产生了不可调和的矛盾，将周朝局势推向了更为危险的境地。当时，周幽王的王后是申国君主申侯之女，人称申后。申国是周初就分封的诸侯国，因此申后的身份、地位很尊贵，她为周幽王生了个儿子，名叫宜臼（jiù），宜臼被顺理成章地立为太子。但是，周幽王在得到一个名叫褒姒的美人之后，改变了主意。

相传褒姒是个冷面美人，纵然得到周幽王的万千宠爱，仍旧天天板着脸，不苟言笑。周幽王下令说，谁能让褒姒笑出来，就赏赐千金。于是，贪财的虢石父给周幽王出了个主意。

当时周朝为了抵御外族入侵，在骊山一带设置了许多烽火台，只要外敌一来，就以点燃烽火为信号，召诸侯前来勤王。虢石父建议周幽王在骊山大举烽火，戏耍诸侯前来，用这种方式逗笑褒姒。周幽王也是昏了头，居然真的照做了。于是，远方诸侯看到骊山的

西周中期仲义父鑐

鑐（líng）是种少见的大型盛酒器，最早出现于西周中期，发展到春秋时期，器型高度逐渐变低。仲义父鑐上装饰着层层相叠的垂鳞纹，象征着龙的身体，这种纹饰在当时非常流行。

烽火狼烟，都以为有外敌侵入王城，急急忙忙召集军队，奔着骊山而来。然而到了骊山一看，哪有什么敌人？只见周幽王正和褒姒在城台上饮酒作乐呢。诸侯知道上当了，又是愤怒，又是无奈，只能重整兵马离去。

看到诸侯忙乱不堪又无功而返，褒姒觉得非常滑稽，乐得开怀大笑。周幽王特别高兴，不仅赏了虢石父千金，还多次点燃烽火台，骗诸侯前来救驾，以此博美人一笑。这么玩了几次之后，诸侯不再信任周幽王，之后周幽王再点燃烽火，诸侯也不愿意来了。

有历史学家曾质疑说，诸侯驻守在各地，就算看到烽火，也不可能及时赶到，更不可能同时赶到，而且到了发现没有敌人，自然会离去，这又有什么好笑的？不过，因为《史记》中记载了这个传说，所以千百年来“烽火戏诸侯”常常被认为是历史事实。

褒姒为周幽王生下了儿子伯服之后，越发受宠。周幽王甚至废黜了申后和太子宜臼，改立褒姒为王后，伯服为太子。此举引起了轩然大波，贵族大臣们指责周幽王废嫡立庶，违背了传统的宗法制度。申国是诸侯大国，申侯更是咽不下女儿被废的这口气。就这样，周幽王代表的王室，与贵族大臣、诸侯的矛盾变得不可调和。一场足以毁灭王朝的风暴，开始酝酿。

申后和太子宜臼逃到申国，向申侯控诉周幽王的恶行。申侯顿时怒火中烧，决定起兵报复，为女儿和外孙讨回公道。但申国仅凭自己的力量无法与周朝抗衡，于是申侯联合缯国和犬戎，一起攻打周朝。

申国和缯国、犬戎联军一路奔袭，很快就来

褒姒画像

到了骊山脚下。周幽王大惊失色，赶紧命人燃起烽火，号召周边的诸侯前来勤王。但这时诸侯早已不服从周王室的控制，拒不派出援兵。犬戎军队攻破镐京，在城内大肆烧杀抢掠。周幽王和太子伯服逃到骊山脚下，被追杀而死，褒姒被掳走。

后来，诸侯联军击败犬戎，拥立太子宜臼继承王位，就是周平王。周平王将都城迁到东边的洛邑，因为镐京在西边，所以历史上把平王东迁之前的周朝称为西周，之后的称为东周。

王权失控霸主生

护送周平王东迁洛邑的诸侯有三位，他们是秦襄公、晋文侯、郑武公。他们平安护送周平王到达洛邑，因勤王有功，周平王要褒奖他们，并给予赏赐。

秦国地处西陲蛮荒之地，与西戎杂处，迫切需要发展空间，必须找一个名正言顺的理由，好去开疆拓土。秦襄公的父亲秦庄公仅仅是“西陲大夫”，没有资格成为诸侯去“建国”。现在，周平王封秦襄公为诸侯，并赐给他岐（今属陕西宝鸡）以西之地。周平王对秦襄公说：“西戎不讲道义，侵占了岐山、沣水（今沣河）的土地。秦国如果能赶走西戎，这块土地就归秦国了。”周平王与他立下誓约，并给秦襄公封爵。从此，秦国正式成为诸侯国的一员，并且在西部获得了长足的发展。

晋文侯由于护送周平王东迁，得到了周平王的信任和倚重。晋国在周王朝的地位得到了提升，并与郑国一起，成为辅佐周王室的重要力量。而更为实在的好处则是，周王室默认了晋国在汾河流域扩张领土，此后晋国在汾河流域所占领的土地都算作晋国的领土。汾河流域土地肥沃，人口众多，若被纳入晋国领土，晋国实力便会大大增强，成为一流诸侯国。春秋时期晋国国力强盛，成为春秋五霸之一，在一定程度上也与此相关。

东迁洛邑

犬戎攻打镐京时，郑桓公在与犬戎的交战中遇难，他的儿子继位，就是郑武公。郑武公因护送周平王东迁有功，承袭了父亲的爵位，并被周平王任命为卿士。到达洛邑后，郑武公将随从、族人等安置在十座城邑之中，然后寻找机会先后灭掉了虢国和郐国，又在郐国旧地建立了都城新郑（今河南新郑）。这样一来，郑国也有了新的立足之地。

周平王东迁之后，周王室元气大伤，无论是实力、王畿面积，还是威望，都一落千丈。王权失控，诸侯开始尾大不掉。最先导致王权削弱的是郑国。郑武公的儿子郑庄公，继续做周王室的卿士。他趁机独霸王室权力，与周平王及周桓王的矛盾日益尖锐。周平王时周与郑互相交换“人质”，周桓王时郑武公竟然派人割了王室种在洛邑的麦子。周桓王忍无可忍，于是在周桓王十三年（前707年），亲自率领陈、蔡、卫等诸侯国军队讨伐郑国，结果周桓王惨败，肩上还中了一箭。周王室的威严扫地，从此一蹶不振。随后不久，春秋时代真正的霸主登上了历史舞台。（商国君　王少林）

春秋的分期

“春秋时期”简称“春秋”，是东周的前半段，它因鲁国的编年史《春秋》一书而得名。关于春秋时期的起始年份，有许多不同的说法，现今史学家一般把周平王元年（前770年）到周敬王四十四年（前476年）划为春秋时期。

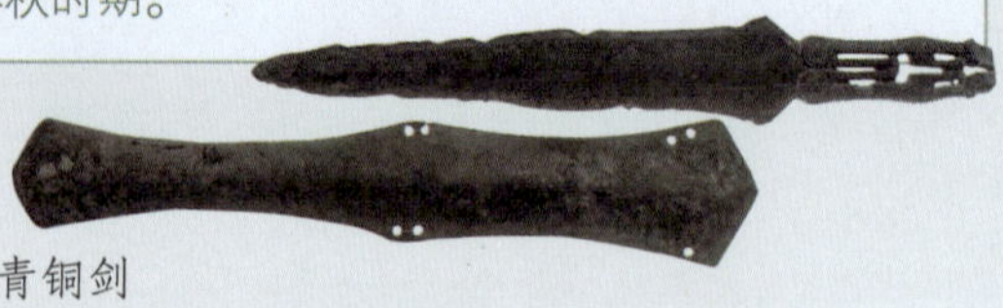

春秋时期青铜剑

陕西西安骊山烽火台

管鲍之交

与人相交，贵在知心。千百年来，管仲和鲍叔牙的友谊一直被传为佳话，他们二人之间情投意合的友情，不仅成就了齐国的霸业，也成为友谊的楷模。

惺惺相惜的好朋友

管仲和鲍叔牙都是颍上（今属安徽）人，他们年少时便是好朋友，彼此情投意合。鲍叔牙知道管仲心怀鸿鹄之志，也有匡时济世之才，如果遇到合适的机会，一定能够大展身手。

管仲家贫，他和鲍叔牙一起合伙做买卖。虽然管仲本钱出得少，但赚了钱分配收入的时候，他却总是多拿一份。鲍叔牙并不认为管仲是贪财、占小便宜，他知道管仲家里穷，迫切需要这些钱养活家人。在战场上，管仲曾多次临阵逃走，鲍叔牙也不认为管仲胆怯怕死，他知道管仲有年迈的母亲需要赡养。

不管别人怎么议论，鲍叔牙丝毫不当回事，他不但替管仲辩解，还十分信任管仲，和管仲惺惺相惜。管仲得知鲍叔牙替自己辩解的话，感叹地说道："生我的是父母，了解我的却是鲍叔牙啊！"

各为其主

当时，齐国是东方的大国。围绕着君主继承人的人选问题，齐国发生了一系列纷争。

齐僖公三十二年（即周桓王二十一年，前699年），齐僖公的同母弟夷仲年去世了。齐僖公与夷仲年关系很好，对夷仲年的儿子公孙无知十分疼爱，让他享受和太子同等的待遇。太子对此感到十分不满。

管仲像

后来齐僖公去世，太子继位，他就是齐襄公。管仲对鲍叔牙说道："齐襄公还没有子女，今后谁会成为国君尚难料定。不如我们分别去辅佐一位公子，助其上位。日后若有人成功了，也好互相提携。"鲍叔牙同意了。于是管仲辅佐了齐襄公的弟弟公子纠，鲍叔牙则辅佐了齐襄公的另一个弟弟公子小白。两位公子看到齐襄公胡作非为、滥杀无辜，害怕殃及自己，于是双双逃到别的国家去避难。公子纠带着管仲和召忽逃到了鲁国（今山东西南），公子小白则带着鲍叔牙逃到了莒（jǔ）国（今山东莒县一带）。

齐襄公上台不久，就废除了公孙无知的特殊待遇，公孙无知对此怀恨在心。齐襄公十二年（即周庄王十一年，前686年），齐襄公去贝丘（今山东博兴东南）打猎，不慎受伤。公孙无知得知这个消息，就联合了对齐襄公不满的连称、管至父等人，趁机冲进宫中，杀死了齐襄公。公孙无知自立为君，但是他在位没多久就被人杀死了。混乱的齐国迫切需要一位新的君主。

山东临淄管仲纪念馆

小白诈死夺君位

公子小白和公子纠得知公孙无知被杀的消息，都想尽快回到齐国，争夺齐国君主之位。鲁国国君鲁庄公亲自派兵护送公子纠，想助他登上国君之位，借此改善两国关系。管仲生怕公子小白抢在前头，带了几十乘兵车先行出发，去阻击公子小白。

管仲带着兵马日夜追赶，走了好久才追上公子小白。看见公子小白端坐在车里，管仲二话不说，拿起弓箭便射向公子小白。公子小白中箭，只听他大叫一声，口吐鲜血，倒了下去。

管仲以为公子小白已死，认为这下稳操胜券，没有上前仔细查看便急忙赶回去禀报。鲁庄公和公子纠放下心来，一路上迎来送往，慢慢悠悠地向齐国驶去。

谁曾想，公子小白并未被管仲射死，管仲那一箭只是射中了他的衣带钩。公子小白见形势对自己不利，急中生智，咬破自己的舌头，假装吐血而死，骗过了管仲。待管仲带人离去后，公子小白在鲍叔牙的护送下，日夜兼程，抢先回到了齐国。在高傒等大夫的拥立下，公子小白即位，他就是齐桓公。

青铜鲍子镈

鲍子镈（bō）由鲍叔牙的后代铸造，上面的铭文记载了先祖鲍叔牙有功于齐，齐侯赐予鲍叔牙封邑与人民的事情。

鲍叔牙荐友甘居人下

等公子纠赶回齐国，公子小白已经即位，鲁庄公气得大发雷霆。那年秋天，鲁庄公派兵攻打齐国，两国在边境地区交战，结果鲁庄公大败而归。

一想到管仲曾经射了自己一箭，齐桓公便想要继续攻打鲁国，杀了管仲，报这一箭之仇。这时，鲍叔牙劝阻道："主公若只是想治理齐国，那么有高傒和我就足够了；但主公若想要称霸天下，那就非管仲不可！管仲被哪个国家任用，哪个国家就会变得强盛起来，您千万不要错失他啊！"

齐桓公听了鲍叔牙的建议，便假意写信给鲁庄公说："公子纠是我的兄长，我不忍心杀他，请鲁国帮忙解决。管仲和召忽是我的仇敌，我必须亲自抓到他们，把他们剁成肉酱，才能解我心头之恨！不然的话，我就要派兵围攻鲁国！”鲁庄公被逼无奈，再三权衡利弊，最终决定杀了公子纠。他把管仲抓了起来，送回齐国，交给齐桓公处置。

管仲回到齐国后，鲍叔牙亲自去迎接他，齐桓公也不计前嫌，任命管仲为卿（执掌军政的高级长官），让他处理政事。鲍叔牙则甘愿居于管仲之下，协助管仲一同治理齐国。

管仲上任后，针对当时齐国的实际状况，进行了大刀阔斧的改革。在治理齐国的过程中，他大展才华，在政治、军事、经济、外交等方面都做出了巨大贡献，没有辜负鲍叔牙的举荐。管仲深深地明白，要是没有鲍叔牙这个知心朋友的举荐，齐桓公即位后，自己这个曾险些射杀了主公的“政敌”，可能早就身首异处、曝尸荒野了。

在管仲的大力辅佐之下，齐桓公成就了春秋首霸的伟业。齐桓公不计前嫌任用管仲，成为历史上不拘一格任用人才的典范。而管仲与鲍叔牙之间的深厚情谊，则成为传颂千古的佳话，这就是“管鲍之交”的由来。（商国君）

仲父

仲父本来是“叔父”的意思，指排行次于父亲的叔父。齐桓公对管仲非常敬重，他尊称管仲为仲父，“仲”是管仲的字，“父”则表示“像侍奉父亲那样（侍奉）”。在讲究人伦秩序的古代，这是种非常尊敬的称谓。后来，帝王经常用“仲父”来尊称重要的大臣，如辅佐秦王政的吕不韦、辅佐刘禅的诸葛亮，都曾被君主尊称为仲父。

春秋晚期齐侯盂

齐鲁长勺之战

齐国两位公子的即位之争，使原本友好的齐鲁两国结为仇敌。新君即位，齐桓公准备先下手为强，拿鲁国立威，没想到却在长勺之战中被弱小的鲁国击败。鲁国军队一鼓作气战胜齐国的故事，也成就了一段历史佳话。

争立新君，齐鲁反目

齐鲁两国相邻，都是春秋初年的大国。两国原先一直友好往来，互为姻亲。到了鲁庄公统治时，鲁庄公拥立公子纠不成，在两国边境处吃了败仗，又受了齐桓公的骗，白白把管仲交给了齐国。听说管仲在齐国拜相的消息，他感到十分懊恼，新仇旧恨一起涌上心头。鲁庄公打算讨伐齐国，一雪前耻。

听闻鲁国在暗地里备战，齐桓公感觉是个机会。齐国原本就比鲁国强大，自己刚即位，如果能抓住时机一举灭了鲁国的威风，也好树立威信，方便之后施政改革，成就霸业。

周庄王十三年（前684年），齐桓公以鲍叔牙为统帅，带领大军攻打鲁国。齐国军队自恃人多势众，兵强马壮，一路上几乎毫不费力，长驱直入鲁国境内。鲁庄公听从臣下劝谏，避开齐军锋锐，将主力暂时撤退至长勺（今山东莱芜东北），寻机反攻，齐、鲁两国间大战一触即发。

曹刿论战，以小博大

面对来势汹汹的齐国军队，鲁国有个叫曹刿（guì）的人决定挺身而出，为打败齐国出一份力。有人劝他不要去，说这些军国大事自有身居高位、享有厚禄的人谋划。曹刿反驳道："那些享有高官厚禄的人目光短浅，没有深谋远虑。"他还是坚决要去求见鲁庄公。

曹刿一见鲁庄公就问道："齐国大军虎视眈眈，请问主公要靠什么来战胜齐军呢？"

鲁庄公回答："漂亮的衣服、好吃的食物，我从来不敢独自享有，一定会把它们分给众人。"曹刿答道："这些小恩小惠只能收买身边的大臣，无法惠及百姓，百姓是不会为您卖命的。"

鲁庄公又说："祭祀的时候，我总是对上天坦诚相待，该供奉什么就供奉什么，从不敢弄虚作假，上天会保佑我打胜仗的。"曹刿回应道："这些小事不足以取悦上天，上天是不会因此保佑主公的。"

齐鲁的由来

齐、鲁是西周时周成王分封的两个诸侯国，它们的都城都在今山东境内。齐国的始封君是太公吕尚（俗称姜太公），他为周朝立下了汗马功劳，享有代替周王讨伐诸侯的特权。鲁国的始封君是周公旦，但他留在王室辅佐朝政，由他的长子伯禽前往封地代为建国。周公旦辅佐周成王有功，他不但制定了周礼，还对周王朝的建立和巩固贡献卓著。鲁国保存了周王室的全套礼乐制度。战国时期，齐、鲁两国文化逐渐融为一体，于是后人常用"齐鲁"来指代山东。

鲁庄公继续说："全国大大小小的诉讼案件，即使我无法一一明察，也会根据实情，尽量公正合理地裁决。"曹刿这才松了口气，说："这才是君主的本分，能够心怀百姓，百姓才会心系国家。凭这点，还是可以跟齐国一战的。"

战场的形势瞬息万变，曹刿恳请鲁庄公让他随驾出征，在战场上见机行事。鲁庄公觉得他说得很有道理，就带曹刿乘上兵车，一同奔赴战场。

夫战，勇气也。一鼓作气，再而衰，三而竭。彼竭我盈，故克之。

——《左传》

一鼓作气，克敌制胜

长勺战场上，两军严阵以待。齐国统帅鲍叔牙很看不起鲁国军队，双方刚摆开阵势，他就下令擂鼓进军，准备一举击溃鲁军。

鲁庄公见状，准备下令还击。曹刿赶忙劝阻："齐国军队士气正盛，我军要是此时出击，正合了敌人心意，不如静待时机。"鲁庄公听从曹刿劝阻，下令鲁军固守阵地，稳住阵脚。齐军找不到厮杀对手，又无法冲进鲁军阵地，只得撤退休整。

齐军不死心，急于求战，稍事休整过后，鲍叔牙再次下令击鼓进军。鲁庄公听了曹刿的劝说，依旧固守阵地。这次齐军还是没能攻入鲁军阵内，连续进攻受挫，士气有些低落，精神和体力也大不如前，只得再次退回阵地休整。

齐军两次进攻，都没引来鲁军还击。鲍叔牙以为鲁军不敢应战，决定再次击鼓进军。齐军很快杀到鲁军阵前，曹刿一看，这次齐军虽然来势凶猛，但气势已经大不如前，于是他马上向鲁庄公建议下令反击。鲁庄公听了以后，亲自擂鼓助威，发出反击的号令。鲁军士气高昂，以排山倒海之势冲向敌人，齐国军队抵挡不住，开始四散溃逃。

眼见齐军溃败，鲁庄公准备下令追击。曹刿异常谨慎，劝鲁庄公稍等。他下车勘察战场，发现齐军战车的车辙横七竖八，十分混乱；再登上战车远望，发现齐军队形杂乱无章，这才建议鲁庄公大胆追击。鲁军士气高昂，对齐军穷追猛打，俘获了大量兵甲辎重，将齐军赶出了鲁国境内。长勺之战一雪鲁国之前蒙受的耻辱，使鲁国的国势为之一振。长勺之战也成为中国古代战争史中后发制人的经典案例。

战胜齐国之后，鲁庄公向曹刿询问取胜的原因。曹刿回答说："用兵打仗，靠的是士兵的勇气。第一次击鼓进军时，士气最旺盛；第二次击鼓进军，士气就有些衰退了；等到第三次击鼓进军，士气便几乎耗尽了。齐国军队三通鼓击罢，士气早已消失殆尽。相反，我军却士气正盛，这时实施反击，自然就能一鼓作气，打败齐军。"

鲁庄公用曹刿的计策战胜了强大的齐国，他对曹刿的胆识和谋略非常欣赏，封他做了大夫。

（商国君）

鲁伯大父青铜簋

鲁伯大父是鲁国的贵族，这件青铜簋（guǐ）的形制和纹饰在西周晚期到春秋早期比较常见。

春秋首霸齐桓公

春秋时期，周朝王室衰微，诸侯争霸，纷争不休。齐桓公是竞逐诸侯霸主的首位成功者，他高举“尊王攘夷”大旗，在管仲的辅佐下成为春秋首霸。可叹的是，一代霸主晚年被奸佞蒙蔽，不得善终，令人扼腕叹息。

励精图治，富国强兵

齐桓公在长勺吃了败仗，痛定思痛，将国家大事交给管仲，放手让他治理。在管仲的主持下，再加上鲍叔牙、隰（xí）朋、高傒、宁戚等一批有才干的大臣的配合，齐国展开了政治、经济、军事等方面的改革。

管仲的改革主要以“富国强兵”为目标，国家富足强大了，称霸自然不是难事。富国强兵的第一步，是要管理好全国的百姓。为了达成这一目标，管仲把百姓分成工商乡和士乡。工商乡的商人和手工艺人专心经营，免于兵役。士乡也就是农乡，农民平时耕田，战时则当兵打仗。兵农合一，不但增强了齐国的国力，也提升了军队的战斗力。齐国上下凝聚成统一的整体，士、农、工、商各在其位，各司其职。

山东嘉祥武梁祠画像石《齐桓公与管仲》拓片

齐国地处沿海，管仲因地制宜，鼓励发展渔业和盐业；他还鼓励发展贸易；同时规定钱币由国家铸造，实行“相地而衰（cuī）征”的土地税收政策，也就是根据土地的好坏来调整征税数额；并根据当年收成和民众需求情况，调整货币和谷物的供应，平抑物价，安定民众，提高大家生产的积极性。

在君臣、百姓的共同努力下，齐国的改革卓有成效，社会安定，国家富强，具备了争霸诸侯的物质基础和军事条件。

“国人”和“野人”

西周、春秋时期实行国野制度。周王和诸侯的国都及其四郊以内地区为“国”，居住在这里的贵族和平民就是“国人”，他们有议论、咨询政事的权利，以及纳军赋、服兵役的义务。四郊以外的地区为“野”，居住在这里的平民就叫“野人”。春秋时期，随着社会经济的发展和诸侯国之间的冲突，“国人”社会地位逐渐下降，“野人”社会地位不断提高，国、野对立的制度大约在春秋中期以后被废弃。

齐国洹子孟姜青铜壶

尊王攘夷，成就霸业

春秋时期，周王室虽然日渐衰微，王权逐渐失控，但作为名义上的“诸侯大宗”和“天下共主”，周天子仍有不可替代的政治号召力。

当时，中原周边的戎狄等族一直不断地侵扰各诸侯国。齐桓公在管仲的建议下，高举“尊王攘夷”的大旗，以周天子的名义施行讨伐，遏止了周边各族对中原诸侯的侵扰。

齐桓公“尊王攘夷”的功绩，主要体现在以下这几件事上：

齐国故都临淄排水口遗迹

一是北击无终。无终也称“山戎”“北戎”，是生活在北方的一个部族。周惠王十三年（前664年），无终发兵攻打燕国，燕国向齐国求救。齐桓公亲自率军前往救援，打败了无终，使燕国转危为安。齐桓公帮助燕国打败无终之后，燕庄公非常感激，亲自送齐桓公回国，不知不觉来到了齐国的地界。齐桓公突然想起来，根据周礼，诸侯间相送，不得越过边界。于是齐桓公就把燕庄公越过的五十里齐国国土都送给了燕庄公。燕庄公已经得到了齐国的帮助，又怎么肯要齐国的土地呢？但齐桓公再三叮嘱燕庄公要遵循礼法。各国知道了齐桓公的大度、守礼，都对他心悦诚服。

二是存邢救卫。在齐桓公统治时期，邢国（今河北邢台）在狄人进攻之下岌岌可危。齐桓公联合宋国、曹国发兵相救，并把它迁到夷仪（今山东聊城西南），邢国这才没有灭亡。与邢国情况相似的还有卫国。当时卫国内乱频繁，齐桓公帮助卫国公子平定了卫国的内乱，并协助卫国修筑都城楚丘（今河南滑县东），扶立新君，稳定了卫国的局势。

三是兴兵伐楚。周惠王二十一年，齐桓公率领齐、鲁、宋、陈、卫、曹、郑、许八国军队，首先讨伐依附于楚国的蔡国。蔡国人闻风而逃，联军长驱直入，直逼楚境。楚成王看到联军来势汹汹，一边亲率大军准备迎敌，一边派大夫屈完到前线与齐桓公谈判讲和。齐桓公见无隙可乘，便在召陵（今河南漯河召陵区）与楚国订立盟约。此次伐楚不战而胜，齐桓公成功抑制了楚国向北扩张的进程，霸主地位更加稳固。

四是拥立太子，安定王室。周惠王想要废掉太子郑，齐桓公以拜见太子郑的名义，在首止（今河南睢县东南）举行盟会，邀请太子郑赴会，

春秋霸主称霸示意图

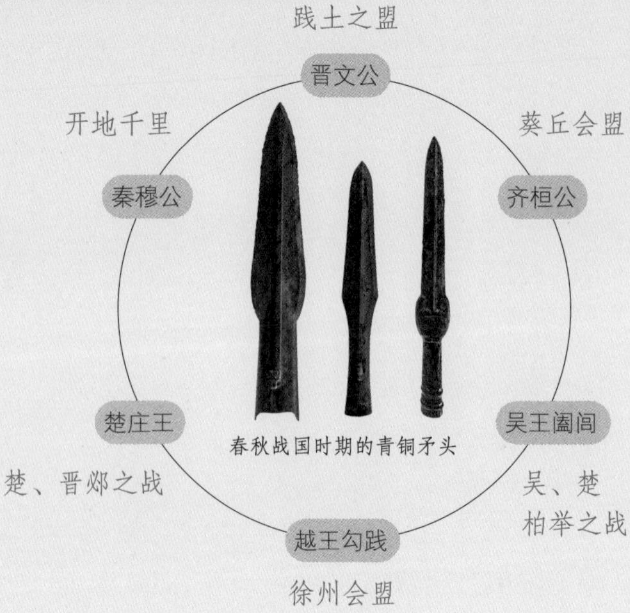

稳固了他的地位。周惠王逝世后，太子郑即位为周襄王，他对齐桓公非常感激。

周襄王元年（前651年），利用扶立周襄王的机会，齐桓公在葵丘（今河南民权东北）大会诸侯。周襄王派宰孔参会，承认了齐桓公的霸主地位。

葵丘之会后，原本应该由周天子履行的召集盟会、发布作战命令的权力，旁落到强大的诸侯手中。齐桓公在盟会上大出风头，成为春秋时期第一位霸主，仿佛天子一般。此后，各国就更不把周天子放在眼里了。

西周晚期莒小子簋

簋是一种食器，用来盛放食物。此件莒小子簋腹内铭文记载了莒小子为天子守土而不接受封赐。莒，古国名，故地在今山东一带。齐桓公为公子时，曾到莒国避难。

老马识途

齐桓公和管仲、隰朋等人一起救燕伐无终时，曾攻到孤竹国（今河北卢龙东南）。他们春天出征，冬天返程，大军在山里转来转去，迷失了道路。这时，管仲建议："老马经验丰富，也许还认得路。"于是大家跟着老马，终于找到了正确的道路。走在山里时，大家找不到水喝，隰朋说："冬天蚂蚁住在山的南坡，夏天住在山的北坡，顺着蚂蚁窝向下挖，就能找到水源。"于是大家果然挖到了水源。

一代霸主，未得善终

齐桓公晚年，十分宠信身边的三个侍从，一个是厨师易牙，一个是太监竖刁，还有一个是弄臣开方。辅佐齐国几十年的大臣管仲年老病重，

在他重病期间，齐桓公亲自前去探望。谈起政事，齐桓公问管仲："仲父万一有什么不测，群臣之中，有谁可以担任国相，负责国事？"

管仲说："没有谁比君主更了解臣子了。"

齐桓公又问："易牙这人怎么样？"

管仲回答说："杀死自己的儿子来迎合君主的喜好，这不符合正常人处事的情理，这样的人可不行！"

齐桓公再问："开方这人怎么样？"

管仲回答："开方本是卫国公子，却在齐国侍奉您多年，背弃父母的养育之恩，这样的人不可深交！"

齐桓公叹了口气，又问："竖刁这人怎么样？"

管仲回答说："竖刁竟然用自宫这种残忍的方式来接近、讨好君主，这样的人无法让人信任！"

管仲语重心长地告诉齐桓公，易牙、开方、竖刁这三人悖理行事，绝不可以信任，更不能委以重任，否则会给国家带来祸乱。遗憾的是，暮年的齐桓公并没有把管仲的直言劝诫当一回事，最终还是轻信、任用了这三人，致使齐国祸乱丛生。随着管仲、鲍叔牙、高傒、隰朋、宁戚等股肱之臣相继去世，齐国的霸主地位迅速动摇了。

齐桓公晚年沉湎酒色，又被一群小人蒙蔽，没能预先定下接班人。为了争夺君位，公子们拉帮结派，广结党羽，明争暗斗。周襄王九年（前643年），齐桓公得了重病，生命垂危。他的几个儿子各自率领党羽争抢君位，互相攻打，国内一片大乱。病重的齐桓公被晾在一边，无人问津。

齐桓公病死后，尸体在床上放了六十七天，等到尸身腐烂生蛆之后，才由新继位的齐孝公收殓安葬。春秋时期的首位霸主，最终却落得如此下场，令人无限感慨。（商国君）

春秋时期青铜牺尊

这件青铜器集温酒、盛酒功能于一体，造型稳重生动，纹饰独特，是上海博物馆的镇馆之宝之一。

宋楚泓之战

承诺守信是古今一以贯之的美德。夏、商、西周，奠定了中国礼仪之邦的根基。仁德守信，本应举世称赞，但宋襄公不懂得世易时移、权变通达的道理。在礼崩乐坏的春秋时期，诸侯国之间崇尚的是武力，他的“仁义之师”就闹出了笑话。

仁德守信称君子

宋国的始封君是商纣王的庶兄微子启。周武王灭商后，按照分封制的礼法，“灭国不灭祀”，即可以消灭一个国家或王朝，但是，要让这个王朝的王室血缘延续下去。周武王先封商纣王的儿子武庚，后来武庚叛乱，于是，周成王又封微子启于商丘（今属河南），建立宋国，以延续商王室的血缘。

夏、商、西周，是中国礼仪之邦的奠基时期。到了春秋时代，“礼崩乐坏”，仍然遵循周礼者一般被认为是墨守成规、泥古不化、不能与时俱进的人。宋襄公就被认为是这种类型的人。

宋襄公画像

宋襄公姓子，名兹父，是宋桓公的次子。兹父有个庶兄叫目夷，目夷的母亲只是地位一般的侍妾，因此，兹父以嫡子的身份被立为太子。

据《左传》和《史记·宋微子世家》的记载，周惠王二十五年（前652年），宋桓公病重。按照当时的嫡长子继承制，兹父本应是法定继位之人，可是他却在父亲面前恳求，要把继任的国君之位让给庶兄目夷。他对父亲说：“目夷年龄比我大，而且忠厚仁义，请您立目夷为国君吧。”宋桓公把兹父的想法转告给目夷，目夷听后不肯接受，他说：“能够把国家让给我，这不是最大的仁义吗？我即使再仁义，也赶不上主动将君

宋国故城遗址

位让出来的弟弟啊！”为了躲避弟弟的让位，目夷逃到其他诸侯国回避。兹父的太子之位竟然没能让出去。能将王位相互推让，可见兹父的确是一个仁德之人。

宋国故都商丘阏伯台

相传帝尧之时，商人的首领阏（yān）伯受封于商丘，居住于这座高台之上，商丘因此得名。

周襄王元年（前651年）春，宋桓公去世，太子兹父即位，他就是宋襄公。宋襄公即位后，任命庶兄目夷为左师（官名，六卿之一），主管军政大权，辅佐自己处理朝政。还没等宋桓公下葬，齐桓公就邀约各诸侯在葵丘（今河南民权东北）会面结盟，于是宋襄公前去参加会盟。在葵丘之盟上，宋襄公接受了齐桓公的嘱托，答应将来对齐国太子昭予以照应。

成就了齐国霸业的管仲、齐桓公相继病逝后，齐桓公的五个儿子为争夺国君之位发生内讧。齐国权臣易牙勾结宫中势力作乱，立公子无亏为君。齐国也因内乱而国力渐衰，彻底丧失了霸主地位。齐太子昭逃亡到宋国避难，向宋襄公哭诉。周襄王十年，宋襄公信守了当初在葵丘之盟上答应齐桓公照应太子昭的承诺，联合曹、卫、邾等诸侯国出兵讨伐齐国，扶立太子昭继位，他就是齐孝公。宋襄公这一举动得到了各诸侯国的称赞，宋国的地位也因此提高了。

争霸不成反被囚

宋襄公信守承诺，拥立太子昭为齐孝公之后，野心开始膨胀，想要接替齐桓公的霸主地位。然而，宋国虽然是诸侯之中爵位最高的，宋襄公时期宋国国力也有所发展，但与南面新崛起的楚国相比，仍然实力相差悬殊。因此，公子目夷规劝宋襄公说：“弱小的国家去争取盟主的地位，恐怕会酿成祸患。弄不好，宋国有可能灭亡啊！”宋襄公不但没有听从目夷的劝阻，反而在图谋争霸的路上越走越远。

周襄王十三年春，宋襄公在鹿上（春秋时宋地，今安徽阜南南）会盟。这是宋襄公首次会合诸侯。宋襄公邀齐国、楚国的国君相聚在一起，以盟主之位自居，引起齐孝公和楚成王的不满。宋襄公又自作主张，没有经过齐、楚两国的同意，就约定当年秋天再次在盂（宋地，今河南睢县西北）会合

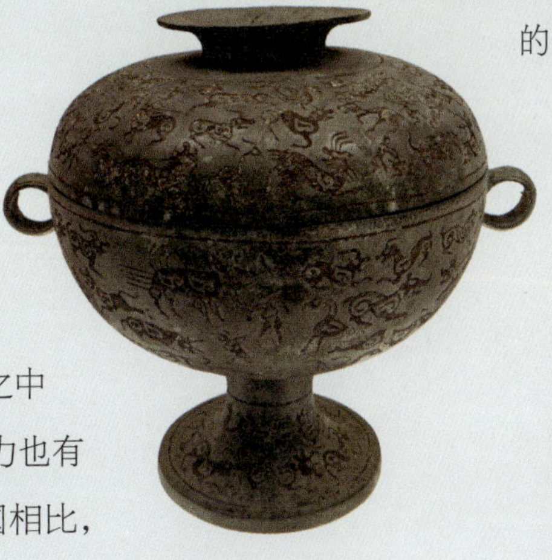

春秋晚期镶嵌狩猎画像纹豆

豆是古代盛放食物的食器，形状像一个高足盘，有的有盖子。这件青铜豆盖子和豆身上镶嵌有狩猎图案的纹饰，描绘了古代狩猎的情形。

诸侯。

在去盂会盟之前，公子目夷劝他带上军队，以防有变，因为楚国是不讲信用的。宋襄公回答说："是我自己提出来不带军队的，我与楚人已经约好，怎么能不守信用呢？"于是，宋襄公按约定，没有带军队就去盂地赴会，以争取与会诸侯的信任。

到了约定之日，楚、陈、蔡、许、曹、郑六国的君主都来了，楚国早已埋伏好军队。宋襄公和楚成王因为争当诸侯霸主而发生争执，楚成王突然命人抓住宋襄公，想借此来威胁宋国，进而攻取宋国。随后楚国起兵伐宋，但遭到了公子目夷所领导的宋国军民的顽强抵抗。直到该年冬天，诸侯在薄（春秋宋邑，又作"亳"，今山东曹县东南）地会见时，在鲁僖公的调停之下，宋襄公才被楚国释放。

子鱼论战

《左传》里有对宋楚泓水之战的详细描述，后来这篇文章被选入了《古文观止》，篇名为《子鱼论战》。《古文观止》是清代吴楚材、吴调侯选定的古代散文选本。"子鱼"是目夷的字，左丘明在这篇文章中以对话的形式展现了两种对立的军事思想发生的激烈冲突。

春秋时期青铜盔

泥古不化遭人笑

宋襄公遭此奇耻大辱，真是气不打一处来。他既痛恨楚成王的背信弃义，更愤慨于其他诸侯国见风使舵，背宋亲楚。宋襄公自知不是楚国的对手，暂时不敢招惹楚国。他打听到郑国最积极支持楚国做盟主，便把矛头指向了郑国，决定兴师讨伐郑国，以挽回自己的面子。宋国的大司马公孙固和公子目夷都认为一旦攻打郑国，楚国肯定会出兵干涉，他们劝宋襄公不要伐郑。可是宋襄公却振振有词地辩解："如果上天不嫌弃我，殷商的故业是可以得到复兴的。"

宋襄公不听劝阻，执意伐郑。周襄王十四年（前638年）夏，宋襄公亲

宋公栾簠

簠（fǔ）是古代青铜食器，长方形，器与盖的形状相同，各有两只耳朵。簠一般用来盛放黍、稷、稻、粱等。根据簠上的铭文记载，这件青铜器是宋景公给妹妹的陪嫁物品。

自带兵攻打郑国。郑文公得到宋国军队大举进攻郑国的消息，立即向楚国求救。楚成王便发兵去救郑国。

楚成王不直接去救郑国，却率领军队进攻宋国。宋襄公这时才知道事态十分严重，急忙从郑国撤军。此时楚军已进入陈国境内，在由陈国向宋国进军的途中。宋襄公为阻击楚军，在宋国边境的泓水（古河流名，故道在今河南柘城西北）边扎好了营盘，以等待楚军的到来。

春秋无义战。彼善于此，则有之矣。征者，上伐下也，敌国不相征也。

——《孟子》

十一月初一，楚军来到泓水南岸，开始渡河。这时宋军已布好阵势，目夷考虑到敌众我寡，两军实力悬殊，但宋军占有先机，建议宋襄公把握战机，趁楚军尚在渡河之时就发动进攻，打他个措手不及。但他的建议却遭到宋襄公的拒绝。楚军顺利渡过泓水，开始布阵列兵，这时目夷又劝说宋襄公："趁楚军尚未列好阵就进行攻击，以出其不意制敌。"但宋襄公却说："等他们摆好阵再说。"再次拒绝了目夷的提议。

一直等到楚军布阵完毕，一切准备就绪之后，宋襄公这才下令击鼓，向楚军发起进攻。可是一切都已经晚了，弱小的宋军哪里是强大楚军的对手！双方经过激烈的厮杀，宋军大败，宋襄公本人大腿也受了箭伤。在目夷、公孙固等人的拼死保护下，宋襄公才得以突出重围，狼狈地逃回宋国。泓水之战就这样以楚胜宋败落下了帷幕。

"仁义"争霸从此休

战后，国人都埋怨宋襄公指挥不当，但宋襄公并未认识到自己的错误，反而对臣民辩解说："即使是打仗，也不能不遵守礼仪。君子不杀已经受重伤的敌人，不捉拿头发花白的老兵，这叫'君子不重伤''不擒二毛'。不凭借险要的地形阻击敌人，不主动攻击尚未列好阵势的敌人，这叫'不以阻隘''不鼓不成列'。"他始终认为自己遵守古训行事并没什么不对。

战后的第二年（前637年）五月，宋襄公伤重去世。宋襄公图谋霸业的梦想彻底破灭，而他泥古不化、不求变通的言行，则成为后世的遗训。

宋襄公遵礼守制本无可厚非，但是，"兵者，诡道也"。交战双方都以取胜为根本目的，在军事之外的诸多方面，承诺守信可谓美德，但在军事战争中不可拘泥成规，墨守教条。只有不拘一格、抢占先机，方可制敌取胜。（商国君）

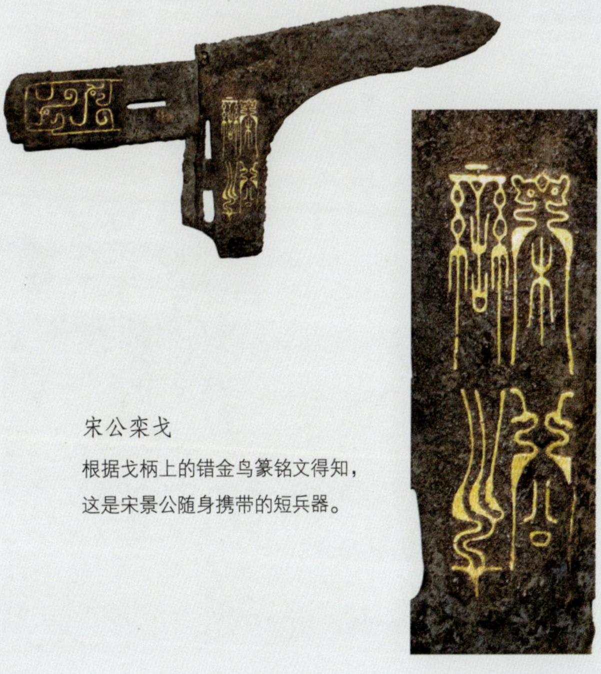

宋公栾戈

根据戈柄上的错金鸟篆铭文得知，这是宋景公随身携带的短兵器。

晋文公称霸诸侯

齐桓公之后，接替霸主之位的是晋文公。他在历尽人生酸楚、世态炎凉、艰难险阻之后入主晋国，在臣僚的忠心辅佐下励精图治，赢得城濮之战，发起践土之盟，一举成就霸业。

颠沛流离，入主晋国

齐桓公死后，位于今山西境内的晋国逐渐兴盛起来。春秋时期，晋国位于华夏文明的边缘地带，有足够的空间可供开拓。和齐桓公差不多同时的晋献公，是位颇有手段的君主，先后合并、拉拢了数十个小国，晋国在他的统治之下，逐渐强大起来。

晋献公有五个儿子，嫡子申生的母亲齐姜早逝，其他几个儿子则分别由不同母亲所生。晋献公晚年，围绕着君位继承问题，众人展开了争斗。

晋献公的宠妃骊姬颇有心计，她明面上装得深明大义，拒绝了晋献公立自己的儿子奚齐为太子的提议，劝晋献公不要废嫡立庶，暗地里则不择手段。她先是陷害太子申生，逼得申生自尽；又将矛头对准了另外两位公子重耳、夷吾，吓得重耳和夷吾分别逃到别的国家避难。

晋献公假途灭虢

这是春秋初年晋国诱骗虞国借道，先后攻灭虢(guó)国、虞国的一次作战。虞、虢两国同姓毗邻，又结为同盟，晋献公想要攻灭他们并不容易。于是晋国大夫荀息想出了一箭双雕的妙计：以丰厚的礼物贿赂收买虞公，向他借路攻打虢国。虞国的大臣宫之奇对虞公进行劝谏，但虞公贪利，掉进了晋献公设下的陷阱，同意借路给晋军。晋军顺利灭了虢国之后，回师途中顺道发动了对虞国的进攻，轻而易举地消灭了虞国。从这一历史事件中衍生出来的“假道伐虢”也成为“三十六计”之中的第二十四计，而“宫之奇谏假道”“唇亡齿寒”等都给后世留下了有益的借鉴。

西周中期晋伯卣

卣（yǒu）是一种盛酒器，有盖子和提梁，椭圆口，深腹，圈足。

山西太原晋祠

这是后人为纪念晋国开国始祖唐叔虞及其母后邑姜而建的。

重耳的母亲是狄（古族名）人，于是他先逃到了狄人居住的地方，随后开始了漫长的流亡生涯。夷吾则一路逃到了靠近秦国的梁国（今陕西韩城南）。

晋献公死后，夷吾向秦国求助，并许诺秦国若助自己回国继位，就把晋国的河西（今山西、陕西两省之间黄河南段以西）之地作为谢礼送给秦国。秦穆公派兵护送夷吾回国即位，他就是晋惠公。

晋惠公即位后，怕重耳与他争夺国君之位，派人到狄地追杀重耳。于是重耳又开始了颠沛流离的逃亡生涯。他和随从先后辗转经历了八个诸侯国，尝遍了人生的酸甜苦辣。在经过郑国时，郑文公将他拒之城外，闭门不纳。重耳一行人转头又去了楚国。

楚成王隆重地以国君之礼接待了重耳，待他如同上宾。一天，楚成王在筵席上问道："我如此厚待公子，若公子有朝一日回国继承了君位，该如何报答我呢？"重耳思索了一会儿答道："托您的福，我若将来能够回国，假使不得已晋、楚两国兵戎相见，我会为您退避三舍。"古时候三十里为一舍，退避三舍就是后退九十里。楚成王见重耳虽然处境落魄不堪，却胸有大志，不禁对他优待有加。

而晋国这边，晋惠公即位后，不但没有兑现当初对秦穆公的承诺，还与秦国兵戎相见，发生过战争。秦穆公对此十分不满。恰好此时，原本在秦国当人质的晋惠公太子圉（yǔ）听闻晋惠公病重，逃回了晋国。秦穆公很生气，于是四处寻找重耳，想要扶持他继位。

楚成王得知秦国派人寻找重耳的消息，便对重耳说："楚国离贵国十分遥远，中间隔着好几个国家。秦国却和贵国紧邻，如今秦穆公正派人寻找您，他一定会尽力帮助您的。"

于是，重耳辞别楚成王，带着随从来到了秦国。秦穆公对重耳非常欣赏，不但热情地招待他，还把女儿嫁给他。当听说晋惠公去世，太子圉继位为晋怀公，君臣互相猜忌，晋怀公很不得人心时，秦穆公对重耳说："此时正是天赐良机，我亲自带兵护送你回国。"在秦穆公的帮助下，重耳返回晋国，继位为晋文公。晋怀公弃城而逃，后来被人刺死。

骊姬故事画像石（东汉）

君臣同心，振兴晋国

晋文公登上国君之位后，面临着一系列棘手问题，他需要妥善解决。

首先，要服众。晋怀公的大臣吕省、郤（xì）芮不愿顺从晋文公，阴谋起事，计划火烧晋文公的住处。多亏当年曾刺杀重耳（晋文公）的宦者勃鞮（dī）通报，把这两人的阴谋告诉了晋文公。

秦晋之好

春秋时期，秦、晋两国世代联姻，相互协助，关系非常密切。后来，人们以"秦晋之好"来形容两家的联姻关系。

［宋］李唐《晋文公复国图》（局部）

晋文公得知此事，深感事态严重，因为吕省、郤芮党羽众多，自己又刚刚入主晋国，势单力薄。于是他秘密来到秦国，与秦穆公商议。吕省、郤芮不知晋文公已经离开晋国，直接放火烧了晋文公住处。等他们得知真相，立即率众追杀晋文公，结果被秦穆公的人马杀死。

其次，要论功行赏。晋文公赏赐了当年追随自己流亡的大臣，给他们安排了合适的职位，得到了大臣们的衷心拥戴，为今后励精图治、整顿改革打下基础。追随自己流亡十多年的重臣狐偃、赵衰等人被委以重任，他们后来为晋文公出谋划策，为晋国的强大做出了很大贡献。

晋文公在狐偃、赵衰等人的辅佐下，大力推行减轻赋税、鼓励农商、发展生产的政策，使晋国的经济迅速发展，国力大大增强。他还举贤任能，赏罚分明，聚集、收拢了一大批人才，为之后称霸群雄奠定了基础。

晋文公即位第二年，周王室发生政变。周襄王的弟弟王子带发动叛乱，把周襄王赶出了都城。周襄王辗转来到郑国避难，安定下来之后，分别派人向秦、晋两国求助，要求他们出兵勤王。

晋文公的智囊狐偃、赵衰等人敏锐地察觉到这一称霸的良机，劝晋文公当机立断，迎回周王。晋文公抢在秦军到达之前，亲率大军诛杀了王子带，迎周襄王回王城（河南洛阳东）。为了感谢晋文公，周襄王赐给晋国大片土地。经此一役，晋文公将国土扩展到太行山以南，在诸侯之中名望大增。

通过这一系列行动，晋国实力迅速上升，即将要在争霸的关键时刻大展身手了。

城濮之战，成就霸业

周襄王十九年（前633年），楚成王命大将子玉率陈、蔡、郑、许等国联军攻打宋国。宋国抵挡不住，火速派人向晋国求助。晋文公想到之前流亡在外时，宋国和楚国都待自己不薄，楚国又是强国，与之交战并没有胜算，这可如何是好？

这时，晋国大将先轸劝说道：“楚国横行中原，想要称霸，日后两国之间必有一战。如今宋国向我们求救，这是建立霸业的天赐良机，不可错失！”

“那么，如何帮宋国解围呢？”晋文公又问道。

狐偃说：“曹国和卫国与楚国关系密切，卫国最近又和楚国结了亲。如果我们攻打这两个国家，楚军必然来救，到时候，宋国的困局就可解了。”

晋文公同意了这一方案。他先派人与齐、秦两国结盟，随后派兵攻打曹、卫两国。这时楚国已经打到了宋国国都。楚成王深知晋文公曾历经劫难，不好对付，并不想和晋国开战。无奈楚军统帅子玉一心求战，楚成王只得应允。

晋文公当年为报答楚成王礼遇之恩，曾许诺若两军相遇，则退避三舍。正好此时楚国联军来势汹汹，为了暂避楚军锋芒，也为了兑现当初的承诺，晋文公下令军队往后撤退，一直退到了城濮（今山东鄄城西南）。这时，秦国、齐国、宋国的军队也赶到了城濮援助晋军，准备与楚国决战。

楚军虽然得到了陈国、蔡国、郑国、许国的支持，军队数量并不少，但他们长途作战，士兵们已经很疲劳。晋、楚两方在城濮摆开阵势，晋军首先袭击了楚军左、右两军的薄弱部分，然后逐一歼灭。楚军左、右两军被击溃后，大将子玉只好无奈地率领中军撤离战场。子玉兵败回国，自知没法向楚王交代，就拔剑自杀了。

晋国在城濮之战中大获全胜，威名大振。中原的许多小国从此摆脱了楚国的控制，转而依附晋国。战后不久，晋文公大会诸侯于践土（今河南原阳西南），周襄王亲自赴会，并正式册封晋文公为诸侯之伯。晋文公确立了霸主地位，也成就了“取威定霸”的丰功伟业。（商国君）

寒食节的来历

寒食节的由来据说与介子推有关。介子推是晋文公身边的谋士，晋文公逃亡的十九年里，介子推一直陪伴在他左右，非常忠心。后来在封赏群臣时，介子推并没有像其他大臣那样主动表功，而是辞官隐居，天天在家照顾自己年迈的老母亲，时间一长，就连晋文公都忘了他。

后来，介子推邻居写了封信给晋文公，晋文公想到介子推后悔不已，派人到他的隐居之地绵山（位于今山西介休）寻觅，可是找了半天也没找到介子推。晋文公的手下提议放火烧山，如此一来，孝顺的介子推一定会带着老母亲逃出来。

大火烧了三天三夜，依旧不见介子推母子身影。晋文公命人搜山，发现母子二人已经被活活烧死。晋文公悲痛不已，命人把介子推母子埋在绵山中，并把绵山附近地区改名为“介休”。后来，人们为了缅怀介子推，便把他逝世的日子定为寒食节。按照传统，这一天禁止开火烧饭，只能以寒食度日。

寒食节原本在清明节前一两天，许多清明节的习俗，如吃青团，就是由寒食节的寒食发展而来的。

晋侯稣钟

这是春秋晚期晋献侯的随葬编钟。一组共计16件，其中14件流失到香港，由上海博物馆抢救回归，现藏于上海博物馆；另外2件后来出土于山西曲沃晋侯墓地，现藏于山西博物院。编钟上刻有铭文，记载了西周晚期晋献侯随周厉王亲征的一场战争。

秦穆公广揽人才

偏居西部的秦国远离中原，一直不被周王室和东部诸侯国重视。为了扩大疆域，向东挺进中原，秦穆公广揽人才，为己所用，改变了秦国的命运。

边陲之国不甘寂寞

派兵护送晋文公继位的秦穆公，也是个志向远大的君主，他礼贤下士，广揽人才，想要成就霸业。

秦国的疆域最初主要在今甘肃东南和陕西西部的渭河流域，后来逐渐向东迁徙发展。东周初年，秦襄公护送周平王东迁有功，被封为诸侯，秦国这才进入诸侯国行列。秦国周围都是戎狄，在周王室和东方诸侯眼里，秦国也和这些戎狄差不多，国小民弱，文化落后，在群雄争霸的春秋初年，显得非常不起眼。为了改变弱小闭塞的局面，成为可以和各诸侯一较高下的强国，秦穆公想尽了各种办法。

春秋早期秦公镈

五张羊皮换个人才

秦穆公一直苦于没有贤臣良才辅佐，对于招揽人才，可谓不遗余力。有一天，秦穆公迎娶完晋献公的女儿，发现陪嫁名单上有个百里奚，却没见到这个人。一查才知，百里奚路上偷跑了。秦穆公询问大夫公孙枝，公孙枝向秦穆公极力推荐百里奚，说他是一个难得的人才，如果把他找回来，一定能让秦国强大起来。于是秦穆公就派人去找百里奚。

原来，百里奚本是虞国（今山西平陆北）人，曾当过虞国的大夫。当年虞国国君不听宫之奇和百里奚的劝说，借道让晋国攻打虢国。没想到晋国攻灭虢国后，转头就把虞国也灭了，还俘虏了百里奚。晋献公想要重用他，他却不愿意在晋国做官。正赶上秦穆公向晋国求婚，于是晋献公就把百里奚当作自己女儿陪嫁的奴仆，让他跟着一起去秦国。百里奚受不了这种屈辱，半路上偷偷逃走了，没想到逃到了楚国境内，被楚人抓住，又被楚人押去放马。

秦穆公费尽心思打听，终于了解到百里奚的下落，打算用重金赎回他。公孙枝劝阻道："楚人既然让他去放马，说明他们不知道百里奚的才干。大王若用重金去赎，不就等于告诉楚王他是个贤才，楚王还肯放人吗？"秦穆公恍然大悟，于是就按当时市场上奴隶的价格，让使者带了五张羊皮去楚王那里换人。楚成王不想因为一个奴隶而得罪秦国，就把百里奚交给了秦国使者。

这时百里奚已经七十多岁了，他被带到秦国，秦穆公亲自召见了他，和他谈论国家大事。百里奚推辞说："我是亡国之臣，您何必来咨询我呢？"秦穆公说："虞国国君不信任您，所以虞国亡国了，这不是您的罪过。"

秦穆公坚持不懈地向百里奚请教治国之道，两人长谈了三天三夜，越谈越投机。秦穆公非常高兴，决定重用百里奚，让他负责国家大事。因为百里奚是秦穆公用五张黑色公羊皮赎回来的，所以人们就叫他"五羖（gǔ）大夫"。

虽然获得了秦穆公的认同，百里奚却非常谦虚地说："我有个朋友叫蹇（jiǎn）叔，他比我厉害多了，但世人都不了解他的才能。当年我外出游学，被困在齐国，是蹇叔收留了我，也是他一次次提醒我，让我避开了各种灾祸。后来我没听蹇叔的劝阻去虞国做官，果然遭遇不测，我对他的才能是非常了解的。"秦穆公一听有比百里奚还能干的人，赶忙派人带着重金，迎请蹇叔做了秦国的上大夫。

在百里奚、蹇叔的主持下，秦国内修国政，外图霸业，国势蒸蒸日上。秦穆公不仅得到了百里奚、蹇叔两位治国良才，还得到了三名良将——百里奚的儿子孟明视和蹇叔的两个儿子西乞术、白乙丙，他们三人后来都成为秦国的重要将领，为秦国四处征伐、开疆拓土立下了汗马功劳。

巧施离间招纳人才

秦穆公求贤若渴，恨不得天下的人才都到他这里来，辅佐他治理秦国，以实现自己的远大抱负。为了招揽人才，秦穆公甚至不惜使用计谋，从别国那里抢夺人才，为自己所用。秦国一代名相由余就是这样得来的。

由余本是晋国人，之前因为晋国内乱逃到戎地。他才华出众，深得戎王信任，很快成为戎王的重臣。戎王听说秦穆公贤德有为，将秦国治理得焕然一新，就派由余到秦国考察取经。

秦穆公热情接待了由余一行人，向他们炫耀秦国富丽堂皇的宫室、堆积成山的金银财宝。由余见到此景却不为所动，觉得这些都是劳民伤财

西周㷵伯铜提梁卣

㷵（hēi）伯铜提梁卣出土于甘肃灵台，西周时，灵台地区位于北方游牧文化与华夏文化的交接地带。这件提梁卣采用了游牧民族的圆筒式外形，加上中原青铜文化的典型纹饰，体现了两者文化的融合。

春秋晚期镂空蟠龙纹鼓座

这件鼓座采用分铸、焊接、镶嵌等工艺，造型精致，形态生动，中间的圆筒就是用来插放鼓柱用的。

的表面功夫。秦穆公觉得有些奇怪，就问由余："中原国家都以诗书礼乐法度来治理政事，即使这样，还经常会发生内乱。戎人连这些礼乐制度都没有，对于他们而言，治理国家想必非常困难吧？"

由余笑着回答说："这就是中原国家乱象丛生的根源啊。黄帝那样的上古圣人创制了礼乐法度，亲自带头贯彻执行，也只实现了短暂的太平。后来的君主一个比一个骄奢淫逸，仗着法律的威严，强迫和监督民众，民众感到疲惫，自然就会怨恨君主，要求推行仁义。上下相互猜忌、仇恨，这都是因礼乐法度所致。然而，戎人却不是这样，他们的君主心怀仁德地对待臣民，臣民满怀忠信地侍奉君主，全国的政事就像人支配自己的身体那样自然，无须了解什么治理方法，这才是圣人的治国之道啊。"

听了由余的这番话，秦穆公十分惊讶，细细一想，觉得很有道理，认为他是个了不得的人才。秦穆公转念一想，优秀的人才留在戎地，对秦国来说是个隐患，于是他把内史廖叫来询问应对的方法。内史廖想了一下说："戎王生活在穷乡僻壤，没怎么见过世面。大王可以将歌女和乐器送给戎王，消磨、腐化戎王的心志；同时找理由留住由余，不让他回去，疏远他和戎王的关系。一旦他们君臣之间有了隔阂，我们就可以设法招纳由余了。"

秦穆公采纳了内史廖的建议，想办法拖住由余，每天好酒好菜地盛情款待他，又派人给戎王送去十六名歌女和成套的乐器。戎王见了这十六名曼妙的歌女，顿时喜不自禁，从此沉迷于歌舞音乐不能自拔，竟然将国事抛在一边，国力一天天地衰弱下去。

打探清楚戎王那里的情况，秦穆公才放由余回国。由余看到戎王荒怠国事，多次诚心劝诫。无奈戎王过惯了安逸享乐的日子，根本不听由余的劝谏。这时，秦穆公又屡次派人秘密邀请由余。由余见戎王自甘堕落，拒绝纳谏，不得不心怀遗憾地离开戎王，投奔秦国。

秦穆公对由余非常尊敬，亲自迎接由余，并拜他做大夫。他向由余咨询军国大事，十分倚重由余。由余长年生活在戎地，对戎地的情况很熟悉。在由余的建议下，秦穆公及时调整了秦国的东征战略，改为向西扩张。周襄王二十九年（前623年），秦国采用由余的计谋攻打戎地大获全胜，收服了十二个附庸国，开辟了辽阔的疆土。秦国一举成为西戎地区的霸主，声名威震诸侯，连周天子都专程派人来向他表示祝贺。

秦穆公广揽人才、善用人才，经过数十年的艰苦经营，终于使秦国成为春秋时期一个强大的诸侯国。（商国君）

东周青铜钮钟

弦高假命犒秦师

秦穆公为融入东方诸侯，与晋国联姻，两国之间既彼此互利，又相互提防。但秦穆公迫切想要东进，不听劝阻，冒险远程奔袭郑国。郑国商人弦高机敏灵动，假命犒赏秦师，巧妙化解了郑国的危机。

秦晋互利又互忌

秦穆公一直在寻找机会，想要结交并融入东方各诸侯。为此他向晋献公求亲，娶了晋献公的女儿。

晋献公死后，晋国发生内乱，秦穆公拥立晋惠公即位。尽管晋惠公背信弃义，没有将承诺的土地送给秦国，但为了两国的长远关系，秦穆公还是强咽下这口气，甚至在灾年向晋国援助了粮食。过了一年，秦国遭受灾荒，向晋国请求援助，结果晋惠公不但不援助秦国，反而趁火打劫，派出军队大举进攻秦国。

秦穆公越想越气，次年亲自率军攻打晋国，俘获了晋惠公。念及姻亲关系，秦穆公放了晋惠公，让他的儿子太子圉（yǔ）到秦国当人质，还把自己的女儿怀嬴嫁给太子圉。几年后，晋惠公病重，太子圉竟然抛下妻子，独自一人逃回晋国继承了君位，这就是晋怀公。

秦公鼎

这是春秋早期的肉食器。

太子圉的逃跑，让秦穆公怀恨在心。在群臣的建议下，秦穆公四处寻访晋国流亡在外的公子重耳，还把女儿怀嬴转嫁给重耳，不久又派兵用武力帮助公子重耳返回晋国登上君位，这就是晋文公。晋文公即位后，秦晋两国重修于好，秦穆公也得以借此交往东方诸侯，了解东方各国的情况。在晋文公称霸的过程中，秦国也助晋国一臂之力，曾多次派兵助战。

烛之武退秦师

城濮之战中，晋国虽然战胜了楚国，确立了自己的霸主地位，可是楚国实力仍然不容小觑（qù）。晋国南面的那些小国也依然害怕楚国，经常在两个国家之间倒来倒去，这对晋文公的霸业十分不利。一天，晋文公得知郑国暗中投靠了楚国，一时之间，新仇旧恨一齐涌上心头。他想起自己当年流亡在外时，曾经遭受过郑文公的羞辱，于是决定发兵攻打郑国。晋文公邀请秦穆公与自己一起出兵，而向东边挺进正好也是秦穆公的心愿，于是秦、晋两国便发兵包围了郑国的都城新郑。

两国大军兵临城下，郑文公急得不知如何是好。这时，有人向他推荐了大夫烛之武，说他可以说服秦军退兵。于是，当天夜里，守城的士兵就悄悄把烛之武用绳子吊到城外。

烛之武连夜来到秦军大营，拜见了秦穆公，向他痛陈利害关系："大王您攻打郑国，对贵国一点好处也没有啊！秦国和郑国中间隔着晋国，秦国能隔着晋国来占领郑国的土地吗？就算攻灭了我们郑国，得到好处的也是晋国。晋国吞并了我们郑国，壮大的是晋国的实力，对秦国可没有什么好处啊！"

秦穆公不以为然地说道："就算你说得对，晋国也会酬谢我的。"烛之武继续说道："您对晋国一直不错，可他们又是如何回报您的呢？当初您扶持晋惠公即位，可他非但没有兑现承诺给您谢礼，还在秦国闹饥荒时见死不救。"见秦穆公表情有所松动，烛之武趁热打铁，说，"若您肯退军，我们郑国愿意做贵国东进道路上的东道主，为您的军队提供补给。"

秦穆公听了欣然答应。于是他派杞子、逢孙等人率一支军队驻扎在郑国，帮助郑国守城，然后悄悄撤兵返回秦国。年迈的晋文公见秦军撤兵了，思忖自己也占不到什么便宜，于是便也率军回国了。

龙耳方壶

此壶1978年出土于河南淅川下寺1号楚墓，整体造型高大壮美，纹饰精细，是春秋青铜器中的精品。

秦公簋
这是春秋早期的食器。

蹇叔哭谏无效

烛之武智退秦军之后，又过了几年，晋文公、郑文公相继过世。留在郑国帮助戍守的秦国将领杞子偷偷向秦穆公报告说："郑国人让我掌管他们国都北门的钥匙，如果大王悄悄派兵前来，就可以占领他们的国都。"

秦穆公感到是时候有所作为、谋求霸业了，就向百里奚、蹇叔征求意见。他们都劝秦穆公不要进军，认为这太冒险。蹇叔说："秦国远离郑国，中间还隔着好几个诸侯国，若行军千里奔波而至，辛苦劳顿不说，郑国的君主一定会察觉到我们的行动。到时候偷袭不成，回师的路上也会有危险。此事万万不可啊！"

秦穆公听了很不高兴地说道："我心意已决，你们不用再多说了！"随后，他召见孟明视、西乞术和白乙丙三位将领，任命他们为大将，于周襄王二十四年（前628年）从秦国出发，攻打郑国。

大军出发那天，百里奚和蹇叔二人去送行。蹇叔哭着对老友的儿子孟明视说："孟儿啊，我看着大军出发，却看不到你们回来了！"看到蹇叔这样，秦穆公非常生气，派人责备蹇叔说："你懂什么？你这个老糊涂虫！你若是中年就死了，坟上栽的树也该长到两手合抱那么粗了！"

蹇叔和百里奚哭着对秦穆公说："臣等不敢诅咒大军。只是臣等的儿子们跟随大军出发，臣老了，恐怕等不到儿子回来，所以才忍不住哭泣的。"等周围没人注意，蹇叔悄悄对孟明视他们说："崤山（今河南洛宁西北）一带地形险峻，晋国人必定会在那里伏兵攻击我军。你们经过那里的时候务必小心，否则，我就得去那里收拾你们的尸骨了！"秦国军队随即就向东进发了。

弦高假命犒秦师

偷袭郑国的秦军一路昼伏夜出，生怕走漏消息，行进得很慢。过了将近一年，才到达滑国（今河南洛阳东南）境内。

有个准备到洛邑去做买卖的郑国商人弦高，恰好经过滑国。他看见有秦军在滑国境内的树荫

郑王陵车马坑

下歇息，心生疑惑：秦军悄无声息地在此歇息，却不去攻打滑国，必定另有企图。从滑国往东，就是郑国，秦军莫非是要偷袭郑国？

想到这里，弦高意识到事态紧急，他赶紧让人火速回郑国报信，自己则挑选了四张熟牛皮和十二头牛，主动和秦军搭话。他对秦军将领孟明视说："我们国君听说您准备带兵经过敝国，特地派我来犒劳您和您的随从。郑国财力有限，但贵军如果一定要开到我们郑国去，我们会为贵军提供粮草，并保卫你们的安全。"孟明视吃了一惊，他想了一会儿回道："我们是来准备攻打滑国的，与你们郑国没有关系。谢谢你的礼物。"

接到弦高派人紧急送来的情报，刚即位不久的郑穆公急忙命人探查杞子等人居住的馆舍，发现他们已经收拾好行李，兵器磨得锃亮，战马喂得饱饱的，看样子已经做好了当内应的准备。于是郑穆公派人辞谢他们说："将军们在这里住得够久了，我们的粮食、牛羊都快供应完了。将军们既然要离开，不如自己去猎取食物，好让我们腾出空来，如何？"

杞子等人知道事情已经泄露，在郑国待不下去了，又没有脸回到秦国，无法向秦穆公交代，只好逃到其他国家去了。

再说孟明视这里，他送走弦高后，对西乞术、白乙丙说："看来郑国已经有准备，我们的偷袭肯定不会成功。我们人少，又远离国土，没法打下郑国，就算包围郑国国都后也不会有增援，还是回去吧。"于是秦军灭了滑国后，就班师回国。

不出蹇叔所料，晋国果然在殽山设伏攻击秦军。孟明视等人一路上没有遇到任何敌人，渐渐放松了戒备。待他们率军进入殽山谷地，早已埋伏在此的晋军发起猛攻，一举歼灭了秦军，三位将领也被俘虏。所幸秦穆公女儿文嬴此时成了晋国太后，她劝新即位的晋襄公不要因三名败军之将影响两国关系，于是晋襄公放了这三名秦国将领。孟明视等人返回秦国后，秦穆公穿着白色的丧服出城迎接他们，对自己的错误做出了深刻反省，依旧让他们在军中担任职务。

河南新郑郑韩故城遗址

郑韩故城原为郑国都城新郑，韩国灭郑后也迁都于此。

几年之后，秦穆公再次派遣孟明视等人伐晋，秦穆公亲自挂帅出征。秦军渡过黄河后把渡船都烧了，以表示不获胜利就不回秦国的决心。这次秦军终于大败晋军，洗刷了殽山之战的耻辱。随后，秦穆公带兵到殽山，掩埋了当年在这里战死的秦军士兵遗骸，并为之举行葬礼。（商国君）

征、伐、袭、讨的区别

古人打仗，讲究师出有名。古书中经常能见到"征""伐""袭""讨"这些表示战争的词，这些词其实各有区别，不能乱用。"征"是褒义词，一般指有道征讨无道，天子征讨叛军；"伐"是中性词，用于诸侯或平级之间的公开宣战，一般师出有名，并且进军时还有钟鼓；"袭"带有贬义，有不宣而战、偷袭的含义；"讨"侧重于舆论，指宣布罪行后进行攻击。

楚庄王一鸣惊人

春秋时期，楚国是南方的大国。楚庄王即位之初，楚国内部形势复杂多变。年轻的楚庄王为了掌握主动权，先故意荒怠政事，沉迷于声色犬马，借机静观其变，等待条件成熟，一鸣惊人，一飞冲天，跻身于春秋五霸行列。

荒怠朝政，静观其变

楚国的历史很悠久，大约在周代以前就存在了。周文王时，楚国的首领是鬻（yù）熊，后来的楚君就都以熊作为姓氏了。周成王时，他将鬻熊的后裔熊绎封为子爵，建都丹阳（今湖北秭归西北）。楚国疆域主要在今湖北西部和江汉平原一带。熊渠在位时，四处征战，楚国逐渐发展壮大，甚至对周王室形成了很大的威胁。经过楚武王、楚文王等几代君主的努力，到楚成王时，楚国开疆拓土千里，已成为当时南方实力最强的诸侯国。城濮之战失败后，楚国北入中原的称霸之路被晋国遏制。过了十多年，楚成王的孙子楚庄王即位。

楚庄王画像

楚庄王刚即位时还不满二十岁，处理完父亲的丧事之后，他变得沉默寡言，心事重重。此时的楚国充满内忧外患，北方的晋国虎视眈眈，楚国国内则爆发了公子燮与公子仪的叛乱，各大家族为了权力竞相下注，相互争斗。

公子燮与公子仪的叛乱虽然最终被平息，但楚国国内各大家族势力庞大，关系盘根错节。毫无治国经验的楚庄王，面对一团乱麻的政局，不知从何下手，一时之间也无法辨别群臣的贤愚忠奸。思来想去，他决定佯装试探，通过时间来考察群臣。

主意既定，楚庄王开始故意荒怠朝政，沉湎于田猎游玩、美酒歌舞之中。有人劝谏他不要如此放荡自毁，楚庄王根本不予理睬；有人为国事前来汇报请示，他一概推脱不管。为了减少群臣的进谏劝说，楚庄王干脆发布了一道政令：大臣不得进谏，若有前来进谏的，立即处死。

春秋龙形玉佩

若敖氏之乱

若敖氏是楚国国君的后代，分为斗氏和成氏两个支系。从楚武王到楚庄王时期，若敖氏的斗伯比、斗廉、成得臣（即子玉）、成嘉等人长期执掌楚国的军政要职。城濮之战时，以成得臣抗命为标志，若敖氏曾多次发动叛乱，前后历时二十多年。楚庄王平定斗椒之乱后，若敖氏几乎遭到灭族。此后，若敖氏便不再像春秋早期那般强大了。

三年不鸣，蓄势待飞

楚庄王就这样吃喝玩乐、疯癫胡闹了近三年。但即使下了禁止进谏的政令，还是有人敢冒着生

楚才晋用

伍举是伍子胥的祖父，他的岳丈犯了事，伍举怕楚王治他的罪，就带着家人逃走了。在逃亡路上，伍举碰到了好朋友，蔡国的大夫公孙归生。公孙归生让伍举先去晋国避避风头，之后特地来到楚国，向楚国的令尹子木举荐伍举。公孙归生说许多楚国的人才都在竞争对手晋国那里受到了重用，这就是楚国屡次被晋国打败的原因。子木觉得很有道理，马上派人把伍举接了回来，恢复了他的职位，这就是成语“楚才晋用”的故事。

命危险前来进谏。

一天，楚庄王像往常一样，在宫中与美女一起观看歌舞，饮酒取乐。有人前来通报，说大夫伍举请求觐见。楚庄王说：“让他进来吧，看他是不是前来找死。”

楚庄王举着酒杯，睡眼惺忪地观赏着歌舞。等伍举进入大殿，他眯着眼睛问道：“大夫此次前来，是要看歌舞，还是想喝酒呢？”伍举说：“有人让我猜一个谜语，我才智有限，怎么也猜不出，特地来向大王请教。”

楚庄王应道：“什么谜语，这么难猜？我倒要猜猜看。”伍举答道：“谜语里说，楚国都城有只大鸟，三年来既不鸣叫也不飞，可真奇怪。请大王猜猜，这究竟是只什么鸟呢？”

楚庄王一听就明白了伍举的用意，他笑着说：“我猜到了，这可不是普通的鸟。它三年不鸣，一鸣必定惊人；三年不飞，一飞必将冲天。你就等着瞧吧！”伍举也明白了楚庄王的意思，高兴地退了出来。

伍举觐见回来后，以为楚庄王马上会痛改前非，结果几个月过去了，楚庄王照旧饮酒打猎，懈怠政务，丝毫没有改变的意思，这令伍举大失所望。

一天，有人通报说，大夫苏从前来进谏。楚庄王心想，还真有不怕死的。未等允许，苏从便自己硬闯进来。楚庄王对他说：“你不知道我下的命令吗？”苏从坚定地回答：“即使是死，只要能让君王迷途知返，作为臣子，我也不算白死。”

见此情景，楚庄王深感苏从的忠义。他打发了宫女，遣散了乐手，从此专心致志于国家治理。通过这三年的观察，楚庄王已经基本理清了国内政局的头绪，对群臣的忠奸善恶了如指掌。他重用伍举、苏从等人，任命他们掌管全国军政事务，一面大刀阔斧地进行人事调整，一面整军备战，加强训练。

问鼎中原，平定叛乱

在伍举、苏从等人的忠诚辅佐下，没过几年，楚国很快再次强大起来。几年之内，楚国先是灭

楚国王子午青铜鼎

一组共七件，此为其中之一。作器者王子午，是楚庄王之子，又名子庚，曾担任过令尹之职，因此这鼎也叫令尹子庚鼎。

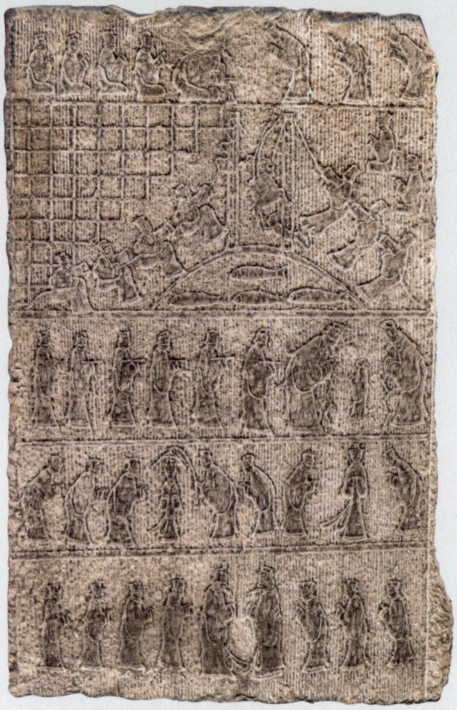

东汉画像石《泗水捞鼎》

掉了反叛的庸国（今湖北竹山西南），之后率军进入中原，讨伐宋国，夺取战车五百乘。周定王元年（前606年），楚庄王亲自率军以“勤王”的名义，北上讨伐陆浑之戎（春秋时生活在今河南伊河流域），竟然将楚国大军开至东周都城洛邑南郊，还在那里举行了盛大的阅兵仪式。

楚军兴师动众，把当时刚即位不久的周定王吓得惶恐不安，他赶忙派善于应对的王孙满前去慰劳军队。楚庄王见了王孙满，劈头就问：“听说周天子有九鼎，请问九鼎分别有多大，重量是多少？我们楚国有的是铜，应该足够铸造九鼎。”他的言外之意，是要和周天子比较各自的实力。

王孙满委婉地应付道：“统治天下的要义，在于德行高下，而不是鼎的大小轻重。如果天子有德，那么九鼎虽小，意义也重；如果天子无德，那么九鼎虽重，意义也轻。如今周王室虽然衰微，但是天命未改，所以您不能过问九鼎的轻重。”

楚庄王深知，如今还有许多拥戴周王室的诸侯国，远远没有到取代周朝的时机，于是便率军离去了。不过，楚庄王这种豪强霸气足以震撼山河。“问鼎中原”的典故，就是由此而来的。

楚庄王阅兵归来，半路上遭到一支叛军拦截。原来，楚国若敖氏家族的令尹斗椒（字子越）趁着楚王亲征的工夫，起了造反的心思。他占据了郢都（今湖北荆州北），又发兵拦阻楚庄王，想把楚庄王消灭在郢都之外。

楚庄王见斗椒以逸待劳，自己带的军队刚打完仗回国，非常疲惫，知道硬拼对自己不利，便派苏从前去讲和。斗椒以为楚庄王已是囊中之物，擒拿他易如反掌，哪里肯罢手，便让苏从回去传话，告诉楚庄王，有胆量就来决一死战，不然就赶快投降。楚庄王假意退兵，然后突然下令发动反攻，终于平定了若敖氏之乱。

后来，楚庄王接受举荐，任用隐士孙叔敖为令尹。在孙叔敖的辅佐下，楚国不断强大，楚庄王实现了称霸诸侯的霸业。（商国君）

九鼎

鼎原是古代一种用来烹煮食物的炊具，后来成为供奉在宗庙祭祀的一种礼器。九鼎相传由夏禹铸造，象征九州，被奉为镇国之宝，历传于商汤、周武王。周朝灭亡后为秦国所得，据说秦昭襄王将九鼎迁入秦国的时候，不慎将九鼎沉入泗水（古水名，在今山东西南）。秦始皇和汉文帝都曾在泗水打捞过九鼎，都没有捞上来。

春秋晚期兽面纹龙流盉

此器纹饰带有春秋时期吴越地区青铜器的典型特征。

楚令尹孙叔敖

楚国令尹孙叔敖原本想做一名隐士。通过他人举荐，孙叔敖被楚庄王任用，辅佐楚庄王成就了一番霸业。他尽忠职守，勤政惠民，廉洁自律，垂范后世，成为中国古代有口皆碑的循吏楷模。

孙叔敖雕像

心存良善，仁爱恤众

楚庄王励精图治，任用贤臣良将，孙叔敖就是其中的一位。

孙叔敖是楚国期思（今河南淮滨东南）人。传说，孙叔敖很小的时候，有一次到野外玩耍，看到了一条两头蛇。孙叔敖又惊又怕，但他还是忍着心中的恐惧把两头蛇杀死，埋了起来，之后一边哭一边回了家。

母亲见到他，问他为什么哭泣，孙叔敖回答说："我曾听说，看见两头蛇的人一定会死去。方才我出去玩耍，见到了两头蛇，我恐怕是要先您而去了。"母亲问："那蛇现在在哪里呢？"孙叔敖说："我担心别人再看到它，就忍着害怕把它杀掉埋起来了。这样别人就不会像我一样遭遇不幸了。"孙叔敖的母亲听后，安慰他说："别担心，我听说暗中做了善事的人，上天会赐福给他，你一定不会死的。"

中国有句俗语叫"三岁看老"，楚地的乡邻得知孙叔敖杀死两头蛇的事情，都认为他是个机智勇敢、能为别人着想的人。后来孙叔敖的所作所为也的确印证了这一点。

尽忠职守，勤政惠民

当时楚国正与晋国在中原争霸，急需各类治国人才。有大臣听说了孙叔敖的贤德和能力，向楚庄王举荐了他。为了考察孙叔敖，楚庄王安排他做了不少事，孙叔敖都表现得非常出色，很快得到楚庄王的信任。于是孙叔敖被楚庄王授予令尹之职，执掌楚国军政大权，成为楚庄王的得力助手。

楚国人原本喜欢低矮的车，但这不便于发挥出马匹的功能。楚庄王想颁布法令强制提升车的高度，把小车改为大车。但此前楚国已经发布多道法令，如果法令发布过于频繁，民众一时间会无法适应。因此，孙叔敖劝楚庄王暂停发布法令，而是下令加高贵族人家大门的门槛。由于矮车底座低，不方便进入，进出大门时乘车之人都得下车。结果，不到半年时间，拥有马车的人家都主动提升了车的高度。

孙叔敖在令尹任上尽忠职守，勤政惠民。他不但有卓越的治国理政本领，还有非凡的军事才

循吏

"循吏"一词始见于《史记·循吏列传》，文中一开头介绍的正是孙叔敖。后人以"循吏"一词来形容奉公守法、清正廉明的官吏，孙叔敖就是其中的典型。

春秋中期莲瓣盖龙纹壶

能，甚至还是名出色的水利工程专家。执政期间，孙叔敖整顿内政，使楚国民众安居乐业，上下和睦，吏治清明。他还兴修水利，主持修建了芍陂（què bēi，今安徽寿县安丰塘）等水利工程，有些至今还在发挥着灌溉功能。

邲之战助楚王争霸

周定王十年（前597年），为了与晋国争夺中原霸主，截断晋国南下的通道，楚庄王亲率三军围攻郑国。郑国是晋国的附属国，攻打郑国，就相当于向晋国挑战。晋国派荀林父率三军救郑，当晋军来到黄河边时，得知郑国已战败投降。此时晋军内部产生了分歧：大将荀林父本就不愿与楚军决战，想要撤兵回国；副将先縠（hú，先轸的孙子）、赵括（赵衰之子）等人则反对撤兵。先縠、赵括等人仗着自己父祖立有大功，根本不把荀林父放在眼里，竟然领着一队车马率先渡过黄河，追杀楚军去了。荀林父没办法，只好下令全军渡河。双方大军对垒于邲（bì，今河南荥阳北）。

楚庄王见晋军南渡过河，本想撤兵回国，但大臣伍参（shēn）劝谏道："晋军主将荀林父没有威信，发布号令无人听从，晋军必败无疑。再说您是国君，若躲避晋国的臣子，实在是有损楚国的威严。"楚庄王想起若干年前的城濮之战，毅然决定迎击晋军。

孙叔敖不放心，对楚庄王说："不如先派人去讲和，顺便探探对方虚实。"楚庄王同意了。楚晋两国使节往返频繁，互不相让，两军摩擦不断。

一天，晋军又来挑战，楚庄王亲自带兵迎了上去。孙叔敖担心楚庄王身陷险境，说道："宁可

> **芍陂**
>
> 芍陂，今称安丰塘，是我国留存至今最古老的蓄水工程。芍陂位于淮河中游的安徽寿县，原是一处洼地。为了有效用水、开渠灌溉，孙叔敖在芍陂西、北、东三面修筑“水门”，通过石闸控制水量，扩大灌溉水源，大大提高了附近一带的粮食产量，这里很快成为楚国的经济要地。

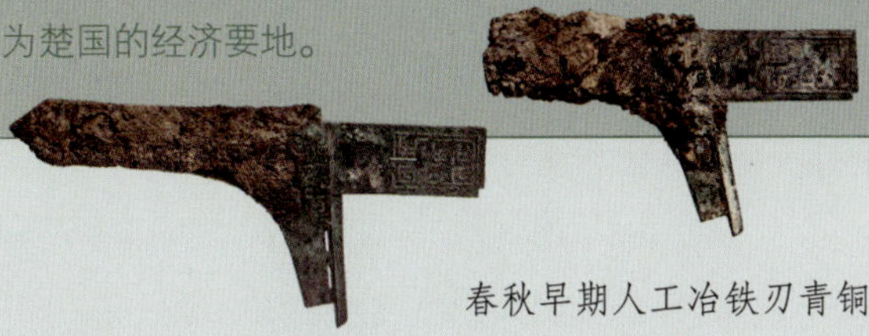

春秋早期人工冶铁刃青铜戈

我追敌军，也不让敌军追我。”他当机立断，命左、中、右三军大举进攻备战不充分的晋军。晋军本就无心恋战，刚一交手就纷纷溃败。士兵们急忙往回逃，抢渡黄河时甚至自相残杀，伤亡惨重。楚军乘胜开进邲城，见晋军大败而逃，楚庄王下令不再追击。楚庄王说：“这回总算一雪前耻，报了城濮之战的仇。何必多杀人呢？”

邲之战是晋楚争霸中原的一次重要战役。楚胜晋败，郑国屈从了楚国。随后几年，楚国又征讨宋国，使宋国臣服于楚，并和齐国相互通好。一时之间，中原形势完全落入楚国的掌控之中，楚庄王如愿以偿地确立了中原霸主地位。

廉洁清正，垂范后世

孙叔敖治国有方，治军有法，治水有功，治民有术，他辅佐楚庄王，使楚国物阜民丰，国力强盛，楚国也因此成为南方实力最强大的诸侯国。为此，楚庄王曾多次想重重封赏孙叔敖，但是他坚决推辞，不肯接受。孙叔敖担任令尹多年，家中却没有一点积蓄，临终时，竟然连棺椁都买不起。然而，他对此并不在意，反而不忘告诫儿子：“我死后，大王肯定会封赏你。你记住，一定不要接受好的地方。楚国和越国之间，有一个叫寝丘（今安徽临泉）的地方，那里土地贫瘠，名声也不好，但后世子孙可以长久持有的便是这个地方。你向大王求取这里为封地就好。”

孙叔敖去世后，他的儿子遵照父亲的告诫，请求将封赏之地换成寝丘，楚庄王同意了。后来人们将孙叔敖临终前对儿子的告诫，概括为“寝丘之志”。据史书记载，他的子孙后人世代守在寝丘，绵延承继了十余代之久。时至今日，孙叔敖的事迹广泛传播，他也成为我国古代循吏的楷模。（商国君）

> **优孟衣冠**
>
> 楚庄王的时候，楚国有个叫优孟的宫廷艺人。令尹孙叔敖知道优孟品德高尚，待他很好。孙叔敖病重临终的时候嘱咐儿子：“我死了以后，万一哪天你穷困潦倒，过不下去了，可以找优孟帮助。”后来，孙叔敖的儿子穷得靠打柴为生，就把孙叔敖的临终之言告诉了优孟。
>
> 优孟回家后，想方设法装扮成孙叔敖的样子，模仿他的行为举止，练习了一年以后，已经令人难分真假了。一次，楚庄王举行宴会，优孟装扮成孙叔敖的样子上前敬酒，楚庄王大吃一惊，以为孙叔敖复活了。后来知道是优孟，楚庄王邀请他当令尹。优孟表示要和妻子商量一下。几天后，优孟告诉楚庄王：“我妻子觉得，楚国的令尹不值得去做，像孙叔敖这样一心为国，让楚国称霸天下的大臣，过世之后，儿子却穷得只能靠背柴为生。”接着又唱了一首歌，意思是做贪官要犯罪，做清官又要忍受贫穷，还是不做官的好。楚庄王听了，意识到自己做得不对，就把孙叔敖的儿子召来，赐予他土地和奴仆。
>
> 成语“优孟衣冠”就是从这个故事中来的，后来引申为演戏，也用来形容演员的表演十分逼真。

春秋中期楚国云龙纹禁

禁是盛放酒具的案台。这件出土于河南淅川楚国墓葬中的云龙纹禁是用失蜡法铸成，工艺精湛复杂。

晏子能言善辩

晏子是春秋时期齐国的三朝元老，他以能言善辩、精通语言艺术而闻名。晏子辅助齐国君主施政五十多年，深得齐国君民的喜爱。

晏子画像

巧言进谏

春秋中期，晋楚争霸，战乱不息。此时齐国早已不像齐桓公时那么强大，但是在晏子这样的能臣辅佐和斡旋下，依旧维持着大国的体面。

晏子是人们对晏婴的尊称，他虽然身材矮小，却聪明敏锐，机智善辩。他深知语言在交流中的巨大作用，可说是运用语言的大师级人物。

在古代，对于君主来说，臣子除了应该尽忠辅佐之外，还要对君主劝谏。为了达到劝谏的效果，晏子善于针对实际状况，灵活地采用不同的劝谏方式。

有一次，齐景公的爱妾婴子死了，齐景公悲伤万分，竟然守在婴子的遗体边，三天不吃饭，不管谁来劝说，统统不管用。

晏子见此情形，前来拜见齐景公，说："有个大夫想救婴子。"齐景公一听，马上打起精神问："死了的人还能救活吗？"晏子说："不妨一试吧，请大王暂时回避一下。"

齐景公听了晏子的话，很快离开了，晏子趁机叫人将遗体入殓。等齐景公回来一看，很不高兴，觉得自己作为国君的权威被剥夺了。晏子回应道："难道大王不知道死人不能复活吗？停尸不入殓，是对遗体的不尊重，这不是明君应该干的事！"

齐景公听了晏子的话，很快意识到自己的错误，羞愧万分。

二桃杀三士

齐景公手下有公孙接、田开疆、古冶子三位勇士，他们武艺高强，敢于赤手空拳与老虎搏斗，却又骄横跋扈，不把大臣们放在眼里。晏子觉得留着这三人以后一定会引来祸患，于是与齐景公商议除掉他们。他请齐景公赏赐给他们两个桃子，让他们按照功劳大小分吃这两个桃子。

公孙接自恃曾打败过野猪和正在哺乳的母虎，觉得自己功劳很大，可以独享一个桃子，马上站起来拿了一个桃子。

田开疆接着说："我曾手持兵器，连续几次击退敌军，我的功劳也足够独享一个桃子。"他也站起来拿了一个桃子。

最后轮到古冶子，他说："我曾救过主公的命，像我这样的功劳，我也可以独享一个桃子，你们赶快把桃子交给我！"说罢，拔剑而起。

公孙接、田开疆见状，自觉不如古冶子勇敢，也没他那么大的功劳，却贪婪齐景公给的桃子，羞愧万分，于是都交出桃子，拔剑自杀了。

古冶子见此情形，感到很后悔，也放下桃子，刎颈自杀了。

就这样，晏子用两只桃子杀死了三位勇士，这就是“二桃杀三士”的故事。

圣人千虑，必有一失；愚人千虑，必有一得。

——《晏子春秋》

晏子使楚

唇枪舌剑的外交场合，最能发挥晏子能言善辩的天赋。

当时楚国很强大，各国纷纷与楚国交好。齐景公也派晏子出使楚国，想和楚国搞好关系。楚灵王（楚庄王的孙子）听说晏子身材矮小，又能言善辩，想要趁机羞辱一下晏子，借此展示楚国的威风。

为了“迎接”晏子，楚灵王特地让礼宾人员造了个狭窄低矮的城门，准备让晏子从这个门进入。晏子看到后说：“只有访问狗国才从狗洞进入。我出使的是楚国，不该从这个门进去。”

楚灵王听了，进退两难，他当然不愿意做“狗国”的君主，只好打开城门，请晏子从正门进入。

第一招失败了，楚灵王还不甘心，他故意问晏子：“难道齐国没人了吗？竟然派你来做使者。”晏子回答说：“我们齐国都城临淄人口众多，人们张开衣袖可以遮天蔽日，挥洒汗水就像天降大雨一样，大街上人挨着人，肩并着肩，脚尖碰着脚跟，怎么能说齐国没有人呢？”

楚灵王说：“既然如此，那为什么要派你这样的人来做使者呢？”晏子顺水推舟地回答道：“齐国派遣使者，各有各的出使对象，贤明的人就拜访贤明的国君，无能的人就拜访无能的国君。我是最无能的人，所以就只好出使楚国了。”楚灵王听了一愣，一时之间竟无言以对。

两次羞辱晏子都失败了，楚灵王还不死心，他叫人赏赐晏子酒喝。众人酒兴正酣的时候，只见有两个官吏绑着一个犯人走到楚灵王面前。楚灵王故意问：“绑着的那人是哪国来的？”官吏大声回答说：“他是齐国人，犯了偷窃罪。”

楚灵王盯着晏子，不怀好意地问：“齐国人原本就善于偷窃吗？”

晏子离开座位，回答道：“我听说，橘子生长在淮河以南就是甘甜的橘子，生长在淮河以北就变成又酸又苦的枳（zhǐ）了。两者叶子长得差不多，果实的味道却差别很大，这是为什么呢？是因为水土不同。老百姓生活在齐国不偷窃，到了楚国就偷窃，莫非是楚国的水土让老百姓善于偷窃吗？”

楚灵王听了晏子的话，只好自嘲地说：“可不能随便跟圣人开玩笑，我这是自讨没趣了。”

晏子的能言善辩和炉火纯青的外交艺术，丰富了我国传统文化的宝库，时至今日，依然值得人们研究和借鉴。（商国君）

春秋时期子仲姜盘

盘是中国古代的盥洗用具，通常与“匜”搭配使用，匜用来倒水，盘用来盛水。与此盘配套的子仲姜匜现为美国私人收藏。

老子传世“五千言”

老子是我国先秦时期一位伟大的思想家、哲学家，他的哲学思想主要保留在《老子》（又名《道德经》）一书中，千百年来一直影响着中国社会。

奇人老子

春秋时期是人类文明发展的“轴心时代”，当时，世界各地涌现出了许多伟大的思想家，他们的思想对今天的人们依然有着很大的影响。出生在楚国苦县（今河南鹿邑东，一说安徽涡阳北）的老子就是其中的一位。

相传老子姓李，名耳，字聃（dān），曾在东周担任过管理藏书的史官。当时，老子以精通周代各种典章制度、博学多才而闻名天下。孔子曾专程到洛邑向老子请教关于周礼的问题，深深为其学识折服，并将他比作腾云驾雾、深邃睿智的龙。

老子在洛邑住了很久，眼见周王室衰微，无可救药，就辞官离开洛邑，四处云游。据说，有一天，鹤发童颜的老子骑着青牛悠然前行，来到函谷关（今河南灵宝东北）。守关的关尹毕恭毕敬

轴心时代

这一理论由德国哲学家卡尔·雅斯贝斯提出。他认为，大约从公元前8世纪到公元前2世纪之间，世界各地不约而同地进入了思想空前突破的“轴心时代”。著名的古希腊哲学家苏格拉底、柏拉图、亚里士多德，中国春秋、战国时期的老子、孔子等思想家，古印度佛教的创始人释迦牟尼等都诞生于这一时期。

［明］张路《老子骑牛图》

地接待了老子，一番交谈之后，他对老子心悦诚服，顿感相见恨晚。关尹因此恳求老子说："先生您就要隐居了，请您为我们留下一部书吧！"于是老子就写了一部《道德经》，分为上、下两篇，共五千多字。之后，老子就飘然离去，不知所终了。

老子与《老子》

在传说中，老子给关尹留下的那部书，分为上篇《道经》和下篇《德经》。现在人们一般认为这本书编定于战国中期，基本上保留了老子本人的思想，因而此书被命名为《老子》。至于这部书究竟是否为老子本人所作，尚无定论。

《老子》一书提出了一种以"道"为核心的思想体系，它保存了许多古代天文、生产技术等方面的资料，还涉及军事和养生，后来被道教奉为经典，因此这部书又被称为《道德经》，老子本人也因此被誉为道家创始人。

老子的哲学思想

《道德经》一书以"道"为核心，"德"是对"道"不同层次的具体表现形态。

什么是"道"呢？老子认为，"道"是一种混沌未分的初始状态，是天地的起源，万物的始祖。他用"道"来说明宇宙万物的演变，"道"有客观自然规律的含义，同时又有永恒绝对的本体意义。通过创立"道"这一哲学范畴，老子突破了以往思想观念的束缚，提供了一种崭新的视角和途径，以此来认识我们所处的人类社会和世界万物。

"道"的最大特征是自然。它虽然创造了天地万物，但它放任万物自由发展，随性生长，这就是老子所说的"无为"。

老子认为，如果统治者效法"道"的无为，顺应社会的自然规律，那么天下将自然、清静、安定，这就是"无为而治"。

有了"道"，那么世间万物的关系又是怎样的呢？老子认为，世界上的任何事物，如美丑、善恶、有无、难易、长短、高下、贵贱，都是相互依存的，有此才有彼，有是才有非，有善才有恶……它们看起来相互对立，其实又相互包含、相互渗透，谁也离不开谁。

《道德经》说："祸兮，福之所倚；福兮，祸之所伏。"福祸并不是绝对的，任何事物都是你中有我，我中有你。也就是说，事物发展到一定程度，必然会向相反方面转化，从量变积累到质变，最终物极必反。

《道德经》一书言简意赅，看似仅仅"五千言"，其内容几乎无所不包，博大精深，蕴含着中国文化深邃无穷的智慧。它对后世影响极大，历朝历代关于《道德经》的研究注解著作竟有上千种之多。（商国君）

福建泉州老君岩雕像

《道德经》流行全球

老子的《道德经》翻译版本遍及世界各地，是全世界翻译和发行量最多的思想经典。它早就超越了国界，成为流行全球的哲学名著。“无为而无不为”“上善若水”“少私寡欲”“弱之胜强，柔之胜刚”，《道德经》中这些我们耳熟能详的名言警句，正在成为一种全球共享的声音。

《道德经》的翻译与传播

《道德经》是中国古代哲学经典之一，以“道”“德”“自然”“无为”为核心概念，论述了宇宙的形成、万物的本源、自然的规律、人生的智慧和治国的方略，内容包含了哲学、伦理、政治、文化等多个方面。全书五千字，内容简洁，语言深邃，文意深奥，是道家哲学思想的主要源头，也是道教的重要经典，对中华文明乃至世界文明产生了深远的影响，长期受到世人的推崇。

早在唐朝，玄奘等人就曾奉唐太宗之命将《道德经》译成梵语，译本传播到印度等国。16世纪以来，《道德经》逐渐由中国传入欧洲，陆续被翻译为拉丁语、法语、德语、英语等，老子思想传遍各大洲。根据最新统计，截至2022年7月，《道德经》已被翻译为97种语言，共2051种译本，可见老子及其思想在世界范围内受欢迎的程度。

《道德经》的译本语种还包括马其顿语、弗里西亚语、克罗地亚语、加泰罗尼亚语等小语种，说明其传播范围相当广泛。所有译本中以英语译本最多，

东汉彩绘画像石《孔子见老子》

帛书《道德经》（局部）

1973年出土于湖南长沙马王堆汉墓，此版本与通行本《道德经》略有差异，《德经》在前，《道经》在后。

而强势语种的译介，也间接推动了中国传统文化向其他地区的传播。比如，《道德经》早期的西班牙语译本便多由英语译本、法语译本等转译而来，英语、法语文化对西班牙语的影响，也助推了老子思想在西班牙语世界的流传。

《道德经》的不同海外译本，所依据的底本不尽相同，因此在顺序和内容等方面会有一些差异。例如，著名汉学家茹理安于1842年出版的法语译本，就是以明代《老子翼》和汉代《老子河上公章句》为底本，参考了历代三十多种注本研究翻译而成，这是法语世界第一本《道德经》全文译本，也是西方最早的《道德经》全文印刷译本，为法语世界的道家学说译介树立了标杆。

值得注意的是，《道德经》在德语世界的翻译传播也超乎想象，是德语世界最受欢迎的中国典籍。自1870年首次出版《道德经》德语全译本以来，《道德经》成为德语译本数量最多的中国典籍，老子学说在德语世界迅速传播，研究老子思想的专著高达700多种，以至于百余年间出现了数次“老子热”。

老子思想启迪了众多德国哲学家，如康德、黑格尔、尼采等人都对《道德

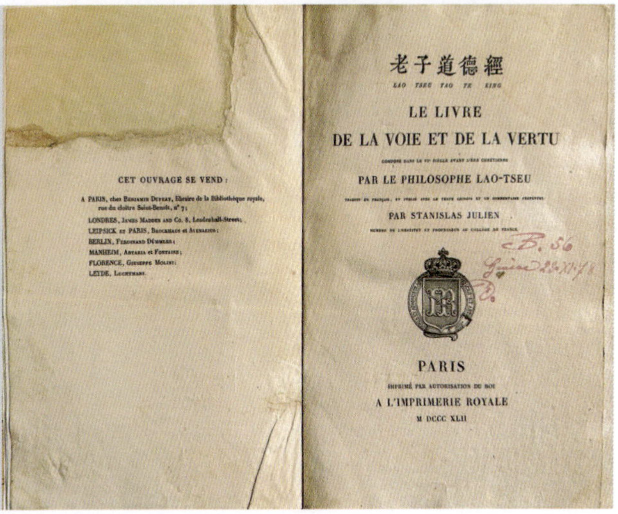

《道德经》法文译本书影

这是1842年正式出版的第一部《道德经》西文译本。

经》大加赞赏。老子的思想深受德国青年的崇拜。德国电视台做过一次调查，得知每4个德国家庭中，就有1个收藏了《道德经》，老子也成为德国人心目中“最知名的中国人”。

《道德经》的全球影响

《道德经》在全球范围内广泛传播，产生了巨大的影响，也让老子成为西方人最感兴趣的中国哲学家，受到各界人士的关注和推崇。从市民到总统，从球星到科学家，从商界精英到哲学家，从摇滚巨星到文学巨匠，《道德经》的忠实读者和崇拜者无处不在。

在学术界，《道德经》影响了西方现代哲学、政治学、心理学、文学、艺术等众多学科，其影响力甚至延伸至自然科学领域。例如，比利时物理学家普里戈金、美国物理学家卡普拉、丹麦物理学家玻尔等，都表示受到了《道德经》思想的启发。在现实社会生活中，两次世界大战给西方民众带来了深深的

王弼注《道德经》书影

精神创伤，但这些迷茫和痛苦无法被西方宗教和哲学思想所抚慰，反而是《道德经》中“顺应天道与自然”、崇尚“虚静和谐、清静无为”的道家思想，引发了当时大众的共鸣。

实际上，从哲学之道、科学之道，到艺术之道、生活之道，甚至还有儿童读物，《道德经》所提倡的种种道家思想元素，已经逐渐融入世界各地人们的生活和思想之中。环保主义者、和平主义者以及后现代主义者等，都宣称从《道德经》那里找到了精神养料与灵感源泉。《道德经》的深刻哲理和辩证思维，可以帮助人们解决生活中的实际问题，这也正是其魅力所在。

如今，随着世界的全球化及跨文化交流，越来越多的人开始重视文化的多样性和传统的共享。《道德经》作为人类智慧宝库中的瑰宝，已经成为有史以来在全球影响最大的中国典籍，书中主张和倡导的人与自然世界和谐共生的观念，将会一直传播下去，为人类和世界的和谐发展贡献重要力量。

（马　源）

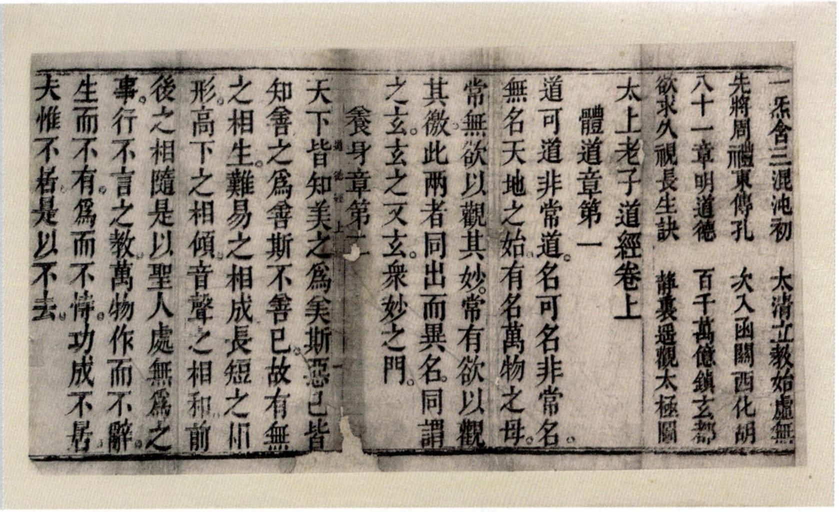
一炁含三混沌初　太清立教始虛無
先將周禮東傳孔　次入函關西化胡
八十一章明道德　百千萬億鎮玄都
欲求久視長生訣　靜裏遙觀太極圖
太上老子道經卷上
體道章第一
道可道非常道。名可名非常名。無名天地之始有名萬物之母。常無欲以觀其妙。常有欲以觀其徼此兩者同出而異名。同謂之玄。玄之又玄。衆妙之門。
養身章第二
天下皆知美之爲美斯惡已皆知善之爲善斯不善已故有無之相生。難易之相成長短之相形。高下之相傾音聲之相和前後之相隨是以聖人處無爲之事。行不言之教萬物作而不辭。生而不有爲而不恃功成不居。夫惟不居是以不去。

清代木刻本《道德经》书影

孔子周游列国

孔子是春秋时期著名的思想家、政治家、教育家。他曾在鲁国从政，政绩突出，正当他大展身手之际，却遭人排挤。迫于无奈，孔子只得离开鲁国，周游列国。十四年间，虽然历尽艰难险阻，遍尝酸甜苦辣，孔子依然坚持信念，矢志不移。

夹谷会盟保鲁境

孔子是鲁国陬邑（zōu，今山东曲阜东南）人，名丘，字仲尼。孔子的先祖原是宋国贵族，为了逃避战乱来到鲁国。孔子三岁那年，在鲁国做小官的父亲叔梁纥（hé）去世，孔子和母亲过着贫苦的生活，已经和平民没什么区别了。

鲁国是周公的封邑，素来有"礼仪之邦"的美称。孔子自幼熟悉传统礼制，又十分虚心好学，青年时便以广博的礼乐知识闻名于鲁国。五十一岁那年，孔子被任命为中都（今山东汶上西）宰。仅用了一年时间，他就将中都治理得井井有条，展现了突出的政治才能。由于政绩出色，不久孔子从中都宰升任掌管土木工程的司空，随后又由司空升任主管司法刑罚的大司寇。在孔子的治理下，鲁国渐渐有了起色，与它相邻的齐国开始不安起来。周敬王二十年（前500年），齐国有大臣向齐景公建议："鲁国重用了孔丘，长远来看，对齐国不利。"他建议齐景公约鲁定公在夹谷（今山东莱芜南）会盟，趁机以武力迫使鲁定公屈服。

［明］仇英《孔子圣迹图》（局部）

鲁定公接到邀请很高兴，他指定由孔子负责典礼会盟事务。孔子劝鲁定公说："从前诸侯出国境，一定会带着武将随行，请您让左右司马一同前去，以防不测。"

鲁定公听从了孔子的建议，带了左右司马出发，和齐景公在夹谷会盟。会盟过程中，孔子以礼力争，挫败了齐国的阴谋和无礼行为。齐景公为孔子的大义凛然所折服，他见鲁国君臣都不肯示弱，心中既恐惧又愧疚，于是做出了让步，将原先侵占鲁国的一些土地归还给鲁国，以此来表示歉意。夹谷会盟，孔子以一个外交家的卓越才华，坚持有理、有利、有节的斗争，使鲁国取得了重大的外交胜利。

1687年在巴黎出版的《孔子的生平与成就》书影

伯、仲、叔、季

孔子是叔梁纥的第二个儿子，据说他的父母在尼山祈祷后生了孔子，因此孔子字"仲尼"。孔子有个哥哥，名叫伯皮（或称孟皮），这几个名字可不是随便起的。当时人们以"伯、仲、叔、季"作为兄弟长幼的排序，老大就叫"伯"（也称"孟"），老二就是"仲"，老三就是"叔"，老四或最小就是"季"。

孔子周游列国浮雕

遭排挤离鲁出游

鲁国曾是东方的强国，但到孔子生活的年代，鲁国的权力早已落入孟孙氏、叔孙氏、季孙氏三家大夫手中，君主成为傀儡，国家日益衰弱。这三家都是鲁桓公的后代，所以后人称其为“三桓”。

“三桓”的势力越来越强，为了维护君主权威，孔子建议鲁定公收缴大臣私藏的甲胄，捣毁“三桓”在封邑修筑的城墙。他派自己的徒弟子路到季孙氏那儿负责内务，打算拆毁“三桓”的封邑城墙，这便是“孔子堕（huī）三都”。

刚开始，“三桓”都同意拆毁自己封地的城墙，因为他们长期以来都将封地的事情交给自己的家臣去管理，时间久了，家臣的势力越来越大，也开始尾大不掉。“堕三都”实际上削弱的是家臣的力量，有利于“三桓”恢复自己对封地的控制。但“堕三都”计划遭到了“三桓”家臣们的反对，叔孙氏、季孙氏的家臣甚至发动武装叛乱。孔子命人平息了叛乱，于是叔孙氏、季孙氏两家的城墙被成功拆除了。

最后轮到孟孙氏的封地，封地总管公敛处父对孟孙氏说：“拆了封地的城墙，必将引来齐国进攻。况且这是孟孙氏的保障，没了封地就等于没有了孟孙氏，我打算抗命不拆。”鲁定公率军包围了孟孙氏的封地，但没有打下来。拆除三桓封邑城墙的行动以失败告终，孔子也因此得罪了“三桓”，尤其是掌权的季桓子。

齐国见此机会，设下了离间计。他们挑选了八十个能歌善舞的美女和一百二十匹骏马送给鲁国。季桓子代表鲁国接受了齐国赠送的美女和骏马后，多日不理朝政。不久，鲁国举行郊祭，完毕之后也没有按周礼的要求送祭肉给孔子。

孔子明白，他在鲁国已经没有容身之地。无奈之下，他只好带着一些学生离开鲁国，踏上了周游列国的艰辛旅程，希望能寻找自己施展政治抱负的舞台。这一年是周敬王二十四年（前496年）。

法国卢浮宫天顶画，画中有孔子和摩西等东西方先贤

寻机遇百折不挠

孔子带着弟子离开鲁国后，先后辗转于卫、宋、陈、蔡、齐、楚等国，前后长达十四年。他去过的国家，君主大多对他敬而远之，尊敬他却不重用他。如宋景公知道孔子是天下闻名的贤人，随行有数十名文武双全的弟子，想把孔子师徒留下来，让宋国不再受大国欺凌。宋国的司马桓魋（tuí）怕孔子师徒会取代自己，不经宋景公同意，就带领人马把孔子休息讲学之处的大树给砍了。迫于无奈，孔子只得离开了宋国。

来到郑国，孔子和弟子们走散了，他一个人站在外城东门口。弟子子贡四处打听老师的下落，郑国有人见过孔子，就对子贡说：“东门那里有个人，他的额头像唐尧，脖子像皋陶，肩膀像子产，可是腰以下比禹短了三寸。那人一副疲惫倒霉的样子，真像只丧家之犬。”子贡找到孔子，如实转述了路人的话，孔子笑着说：“一个人的样貌如何并不重要，倒是他形容我像只丧家之犬，确实如此啊！”

孔子一行人离开郑国，又先后去了陈国、蔡国。在蔡国的时候，陈国遭吴国攻打，向楚国求援。楚昭王听说孔子此时住在陈、蔡两国边境，就派专人来聘请他。孔子随后启程，准备前往楚国。

陈、蔡两国的大夫知道孔子的本领，聚在一起商议说：

岁寒，然后知松柏之后凋也。

——《论语·子罕》

“孔子是有才之人，看问题切中时弊，他在陈、蔡两国待了那么久，对我们很了解。楚国是大国，如果楚国重用了孔子，恐怕对我们不利。”于是他们联合起来，把孔子一行人围困在荒野的路途中。

孔子和他的弟子们被围了几天，粮食都吃光了。弟子们有的病，有的饿，情绪十分低落，但孔子却一如往常，照常读书、弹琴、唱歌。子路很不高兴地来见孔子，说：“君子也会落入如此困境吗？”孔子说：“会的，只不过君子在困境中也能时刻约束自己，小人一旦陷入困境，那就什么事都干得出来。”后来，孔子派能说会道的子贡去楚国求救，终于等来了救兵。楚昭王派兵去迎接孔子，他们一行人终于脱离了险境。

孔子在楚国期间，楚昭王也曾想封赐孔子土地，但被令尹子西劝阻了。时光飞逝，不知不觉中，孔子已经在列国间游历了十四年。这十四年里，孔子因为与各诸侯国君臣政见不同而四处碰壁，遭到不少人的冷嘲热讽。在旁人看来，孔子的所作所为与当时的社会格格不入，是“知其不可而为之”。即便如此，孔子依然坚定执着于自己的信念，矢志不移。

孔子离开鲁国这么多年，当年逼走孔子的季桓子已经有所悔悟，他临死前嘱咐儿子季康子，一定要找机会把孔子迎回鲁国。周敬王三十七年（前483年），季康子派人备了礼物来到卫国迎接孔子，孔子终于回到了阔别多年的故乡鲁国。（商国君）

庆父不死，鲁难未已

鲁桓公有四个儿子，嫡长子后来即位为鲁庄公，鲁庄公的同母弟是季友；鲁庄公还有两个庶弟庆父和叔牙。兄弟四人就这样分成了两派。鲁庄公临死时，庆父一心想继位，先后害死了鲁国两位继位的国君，几个兄弟为了君位相互争斗，鲁国政局动荡不安。四兄弟中，季友年龄最小，也最有决断力，他逼死了兄弟叔牙和庆父，扶持公子申继位为鲁僖公。等到局势稳定后，为了安抚叔牙和庆父的后人，季友请鲁僖公赐给他们世袭封地。后人常把制造内乱的人比作“庆父”，成语“庆父不死，鲁难未已”的典故就源自此处。

子路画像

仲由，字子路，是孔子的学生。他性格直率，以勇猛著称。

子贡画像

子贡才思敏捷，擅于辞令，既能从政，又能经商，是孔子的得意门生。

冉有画像

冉有名求，是孔子的学生。他富有政治才干，是鲁国贵族季氏的家臣。

孔子兴办私学

孔子被后人誉为“万世师表”，教育是他一生中成就最辉煌的事业之一。通过兴办私学，孔子创立了儒家学派，他在教学实践中总结的理论和方法，对后世影响巨大而深远。

学无常师，学而不厌

孔子周游列国多年，总有不少徒弟伴随其左右，为老师分忧。传说孔子有弟子三千，其中才能突出的就有七十二人。他之所以能培养出那么多优秀的弟子，和他渊博的知识、尽心的教诲，以及领先于时代的教育思想密不可分。

孔子一辈子以学为乐，他遍访名师，相传他曾向郯（tán）子、苌（cháng）弘、师襄、老子等人请教学习。

郯子是郯国（今山东郯城北）君主。郯子访问鲁国时，鲁国一位大夫向他询问五帝时期少皞以鸟名来命名官吏的情况。郯子是少皞的后裔，他对这段历史非常熟悉，他的侃侃而谈令在座的人敬佩不已。孔子听说了这件事，于是他单独向郯子请教，学到了许多闻所未闻的知识，这让他很受启发。

苌弘是周王室的大夫，他博学多才，通晓天文地理、星象音律。据说孔子久仰他的大名，曾专程前往周都洛邑，向他求教宫廷雅乐“韶乐”与“武乐”的异同。苌弘不厌其烦地给孔子讲解，阐述了礼乐教化的思想。第二年，孔子前往齐国，向齐国乐师学习韶乐，他聆听了韶乐的演奏，乐得手舞足蹈，如醉如痴，竟然“三月不知肉味”。

孔子还曾专程去洛邑跟老子学习周礼，获益良多。临别时，老子向孔子赠言：“那些头脑聪明、眼光敏锐却险些丧命的人，一定是喜欢到处议论别人的人；那些学问渊博、见识广泛却使自己身处险境的人，一定是好揭发别人丑行的人。为人子女的应该心存父母，为人臣下的应该心存君上，不能心里

向老子恭谨作礼的孔子

此图为山东东平（左）、四川新津（右）汉画。

山东曲阜孔庙大成殿

此殿为清代重修，殿前的石柱上刻有生动的蟠龙，是优秀的石雕刻品。

只装着自己。”

孔子说过：“三人同行，其中必定有可以当我老师的人。看到他们好的地方就向其学习；看到其中不好的地方，就引以为戒，改掉自己的缺点。”除了向知识渊博的人请教以外，孔子大部分时候都是学无常师，不耻下问，他还曾向当时只有七岁的神童项橐（tuó）请教过。

孔子一生虽然没有接受过系统的教育，但他始终坚持不懈地学习，学而不厌，永不满足。他把学习作为自己快乐的源泉，活到老，学到老，时常学习，温故知新。有了这样痴迷学习的精神，孔子才能做到“诲人不倦”，孜孜不倦地教诲他人。

培育英才，诲人不倦

西周及以前，学在官府。教育由统治阶级兴办的官学垄断，只有少数人才能接受官学的教育。春秋时期，官学逐渐衰废，开始兴起私人讲学之风。孔子是第一批兴办私学的学者，他强调“有教无类”，认为无论贫富、贵贱，所有人都有接受教育的权利。这对我国古代教育的普及和文化的推广起了很大作用，在先秦时期，这可是件划时代的大事。

教育是孔子的谋生之道，为了生存，孔子也要向学生收一些象征性的学费。一般情况下，收的学费叫“束脩（xiū）”，也就是十条肉干。孔子知识渊博，教学效果好，远近闻名，来向他学习的人越来越多，有能言善辩的、能征善战的、才思敏捷的，也有木讷朴实的，各种各样的人都有。

孔子刚开始授课时，教授的是礼（礼仪）、乐（乐舞）、射（射箭）、御（驾车）、书（书写）、数（算术），也就是传统的“君子六艺”。后来，孔子编订了《诗》《书》《礼》《易》《乐》《春秋》六部经典，后人也把这六部书称为新“六艺”。

孔子强调“君子不器”，认为君子不能像器皿一样只有一技之长，必须全面发展，善于突破自我。孔子不仅教授知识，他还主张德智并重，特别重视对学生道德修养的培养，始终将德育放在第一位，教育学生首先要做个名实相符的人。这一点，在孔子的教育、教学实践中，是贯穿始终的。

杏坛

杏坛相传为孔子讲学之处，有人认为杏坛在今山东曲阜孔庙大成殿前。后来杏坛也用来泛指聚徒讲学之处。

山东曲阜孔庙金声玉振牌坊

这是进入孔庙的起点，牌坊上的大字由明代书法家胡缵宗题写。

总结经验，泽被后世

多年的教学实践，让孔子积累了丰富的经验，他总结出一系列行之有效的教育教学理论和方法。

首先是因材施教。孔子仔细了解每个学生的自身状况，根据学生本人的天赋、才情，有针对性地进行教育。孔子就曾评述过自己的学生，道德高尚的有颜渊、闵子骞、冉伯牛；擅长政事的有冉有、子路；口才好的有宰予、子贡；等等。孔子会根据弟子们性格、特长等方面的不同，给予不同的指导，这便是因材施教的表现。

其次是学思结合。孔子说过："我曾经整日不吃饭、不睡觉，殚精竭虑地思考问题，可这么做并没有用，还不如去学习。"因此，孔子强调将学习和思考结合起来，否则光学习不思考，就会让自己在忙乱中无所适从；光思考而不学习，又会让自己疑惑懈怠。学习的同时，要时刻保持思考，温故而知新，做到两者的有机结合。

南宋《孝经图集》（局部）

图中坐在中心高台上的是孔子，面前跽（jì）坐着的是他的学生曾子。

学而不思则罔，思而不学则殆。

——《论语·为政》

最后是循循善诱。孔子教学是很有技巧的，他不会整天进行填鸭式的灌输，而是根据学生的实际情况和需要，瞅准火候，抓住时机进行教育。如果学生没有主动努力想要把问题弄明白，孔子就不去开导他；如果学生没有到达心里明白但不能流畅表达的地步，就不去点拨他，这就是"不愤不启，不悱不发"。他还善于运用诱导式的教学方法，由浅入深，循循善诱。孔子最得意的弟子颜渊就曾说过："夫子（孔子的尊称）习惯由浅入深地进行教育，用广博的文化知识丰富学生的常识，用礼仪规范约束弟子的行为，受到夫子这样的教育，我欲罢不能。"

榜样的力量是无穷的。在教育实践的过程中，孔子以身作则，发愤忘食，时刻激励着自己的学生。作为老师，孔子深切体会到"教学相长"的道理，他在教育中不断增进自己的见识，始终如一，孜孜不倦地教育学生，堪称"万世师表"。（商国君）

浙江杭州孔庙大成殿

修身治世说《论语》

孔子的思想和言论，集中体现在《论语》一书中，《论语》也成为中国儒家的经典著作。历朝历代，学者们对《论语》的诠释和注解如汗牛充栋，皆能与时俱进并常看常新。《论语》的核心，就在于劝导、教诲人如何做一个名实相符的人。

《论语》的成书及传播

百家争鸣的春秋战国时期，许多思想家都留下了自己的著作。但孔子却强调“述而不作”，他晚年回到鲁国，阐述和整理前人的思想，并没有留下自己的作品。后人对孔子思想的了解，大多要追溯到《论语》一书。

《论语》是孔子弟子及其再传弟子的作品，大约成书于战国初期，忠实记录了孔子的言行，以及他和弟子等人之间的对话，涉及的内容极为广泛。《论语》是语录体著作，编排比较自由，每一则就是一章，集章为篇，篇、章之间并无紧密联系，只是大致归类。篇名一般取自正文开头或“子曰”“子谓”之后的两三字，例如《学而》。

在漫长的流传过程中，《论语》逐渐形成了三个不同的版本，即《鲁论语》《齐论语》和《古论语》。

现在传世的《论语》，以《鲁论语》为底本，兼采《古论语》《齐论语》，东汉郑玄为之作注，成为后世的流传本。考古学家曾在江西南昌海昏侯墓等考

颜渊画像

颜渊

颜渊名回，字子渊，是孔子最得意的弟子，被列为孔子七十二门徒之首。他出身贫寒，但安贫乐道，为人聪慧好学、品德高尚。颜渊三十九岁时头发全都白了，次年就早早去世，他去世的时候，孔子非常伤心。

知之为知之，不知为不知，是知也。

——《论语·为政》

古遗址中发掘出《论语》的竹书残片，这是我们研究孔子及儒家思想，尤其是早期儒家思想的第一手资料。

《论语》的精髓

《论语》的内容十分广泛，它涉及儒家治国理念、人伦关系、个人道德规范等方面，是研究孔子思想的主要资料。它的核心是“仁”，而实施“仁”的手段和途径是“礼”。围绕这一点，形成了仁、义、礼、智、信，温、良、恭、俭、让，学、习、思、问、行等一系列概念。归结概括起来，就是论述了为人、为学、为政的问题。

曾子画像

曾子

曾子，名参（shēn），字子舆，是孔子著名的学生之一。他年纪比较小，未能名列孔门十哲，但对后世的影响却非常大。在孔子的弟子中，曾子以“孝”而闻名。

曾子小时候家里很穷，经常上山打柴贴补家用。一天，家里来了客人，母亲不知所措，就用牙咬自己的手指。曾子正在山上打柴，忽然感觉到心疼，马上背着柴回到家，跪问缘由。母亲说：“家里来了客人，我咬手指，盼着你回来。”于是曾子就按照母亲的意思，礼数周全地招待了客人。这就是《二十四孝》中“啮指痛心”的故事。

按照道德的高尚和卑劣，《论语》将人分为两类。第一类包含三个层次：圣人、仁人、君子。圣人是孔子心目中理想的道德楷模，一般人极难达到；仁人比圣人要求略低一些，也很难做到；至于君子，则是认同儒家道德、具有儒家道德修养的人。普通人只要持久如一，循序渐进地努力，就会慢慢接近君子的要求。和这些相对的，就是第二类人，即“小人”。

《论语》中多次提到“君子”一词，孔子认为，一个有道德、有修养的君子，首先要有坚定的人格和志向。宝贵的人格，甚至比生命更重要。君子在保有高贵人格的同时，还要有追求真理、勇于为真理献身的大无畏精神。孔子曾说过：“朝闻道，夕死可矣。”一旦明白了仁义之道，即使马上为它牺牲也不足为惧。

要成为一名君子，应该从哪里起步呢？孔子认为，做人的根本始于孝悌，这是人和野兽的根本区别。所谓“孝”，是指子女对父母、长辈应尽的责任和义务，“悌”则是指同辈兄弟姐妹之间的责任和义务。以此类推，就可以扩大到社会中人与人的关系。

常言道：“活到老，学到老。”孔子认为，一个君子，应该终身学习，学无止境。除了专门的知识技能以外，君子还要做到全面发展，以适应不断变化的社会需

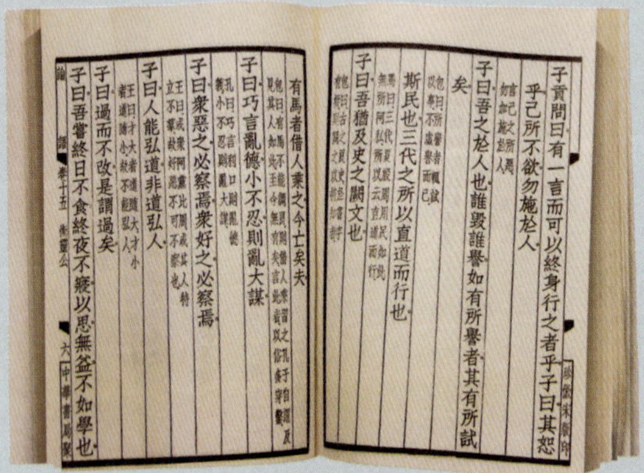

《论语》书影

求，既是“专家”，也应该是“多面手”，这就是“君子不器”。

君子对自己的修养，必须保持严肃、恭敬的态度，时刻自省，做到问心无愧，这样才可以心怀坦荡，无所畏惧。君子的修养要从自身做起，自身强大了，才能够帮助他人，这就是“己欲立而立人，己欲达而达人”。同时还要考虑别人的看法，推己及人，这就是“己所不欲，勿施于人”。概括起来，这就是孔子所说的“忠恕”之道。

君子如果出仕为政，治理国家社会，要实行“礼治”或“德治”的治国原则，为政者本身必须以身作则。在孔子看来，为政的“政”，就是为人的“正”，“其身正，不令而行；其身不正，虽令不从”。如果为政者能够说到做到，那么就会令行禁止；反之，如果连自己都做不到，那么就算宣布了政令，人们也不会遵从。

《论语》中关于为人、为学、为政等方面的论述，远不止上面列举的这些。《论语》的思想源于古老的农耕文化，经过漫长的民间传播和官方认同宣传，终于成为中国传统文化的主体和骨干。（商国君）

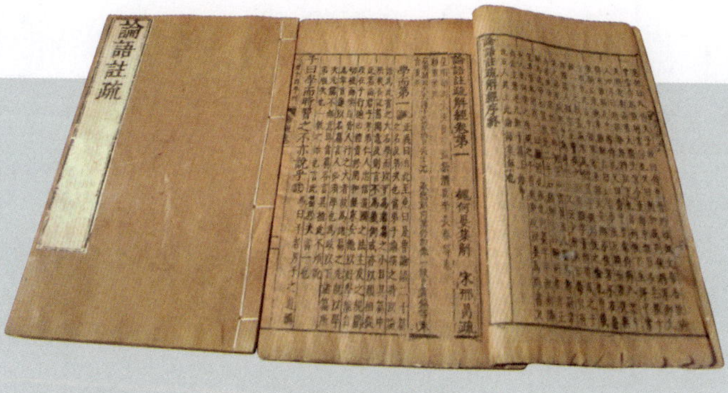

明刊本《论语注疏》书影

历朝历代，对《论语》的研究著述层出不穷，如三国时期魏国学者何晏就曾撰写《论语集解》。这部书在唐代时被定为《论语》的标准注解，被收入《十三经注疏》。

山东曲阜孔庙

伍子胥过昭关

伍家三代辅佐楚王，为楚国争霸立下汗马功劳，不料却凭空遭遇祸端，惨遭灭门之灾。为生存、为报仇、为报恩，伍子胥星夜兼程过昭关，为吴国争霸立下汗马功劳，也报了杀父之仇。

凭空意外降祸端

楚庄王死后，楚国逐渐走了下坡路。楚平王继位后，任命伍奢为太子太傅，负责教诲辅导太子建；任命费无极为太子少傅，协助伍奢工作。伍奢是楚庄王时重臣伍举之子，他为人正直，太子建亲近伍奢，对喜欢搬弄是非的费无极十分厌恶。费无极心存忌恨，他担心太子一旦登上王位，自己就没好日子过了。他想找机会报复太子建，自己也好趁机攀上更可靠的高枝。

机会很快就来了。周景王十八年（前527年），楚平王派费无极前往秦国，为太子建迎娶秦哀公的女儿孟嬴。孟嬴长得非常漂亮，费无极想了个坏主意，他抢先赶回楚国，对楚平王说："秦哀公的女儿长得十分貌美，大王不如娶了她，再给太子换个别的女子。"

昏庸的楚平王竟然听从了费无极的献媚之言，真的娶了孟嬴，还生了一个儿子。费无极由此得到楚平王的宠幸，找到了新的靠山。费无极做了坏事，心里不安，怕太子将来找他算账。于是他极力鼓动楚平王将太子派去镇守边境。果然如他所愿，太子建被派往城父（今安徽亳州东南）守卫边境。费无极干脆一不做，二不休，想办法除掉太子建，以绝后患。

打定主意之后，费无极抓住各种机会，不断向楚平王进献谗言，诋毁太子建。他对楚平王说：“自从我建议大王娶了孟嬴之后，太子就对我记恨在心，对大王也怀有怨恨。太子现在驻扎在城父，手下有兵，又和诸侯有交往，请大王早做防备。”

楚平王于是将伍奢从城父召回来，责备他没有尽到教育太子的本分。伍奢知道这是费无极在暗地里使坏，他对楚平王说：“大王您怎么能听信宵小的谗言，疏远自己的骨肉呢？”费无极却趁机对楚平王说：“大王现在要是不及时制止，以后就追悔莫及了！”

楚平王听信了费无极的谗言，下令囚禁伍奢，逼他承认和太子建合谋造反。伍奢是个耿直的人，坚决不肯承认。楚平王就准备先杀掉伍奢，再杀掉太子建。

太子建得到消息，连夜逃往宋国。费无极还是不放心，怕伍奢的两个儿子伍尚、伍员不服。为免留下后患，他对楚平王说：“伍奢有两个儿子，如果不杀掉他们，就会成为楚国的祸患。何不假借他们父亲的名义，骗他们回都城？”

于是楚平王派人对伍奢说：“你若是能叫自己的两个儿子前来，就可以保命，否则必死无疑！”

伍奢说:“臣的大儿子伍尚是个清廉孝顺的人，听闻大王召见可以让父亲活命，一定会毫不犹豫地前来，不顾自己的死活。小儿子伍员（字子胥），他足智多谋，志在建功立业，若他知道应召前来必死无疑，定然不会来。”

鱼腹藏剑

为了刺杀吴王僚，公子光特意举办酒席，宴请吴王僚，并暗中在地下室埋伏了许多身穿铠甲的武士。吴王僚带着卫士赴宴，酒过三巡，正是畅快的时候，公子光假装腿脚有病，退到地下室里。他让专诸把鱼肠剑藏到烤鱼的肚子里，将烤鱼进献给吴王僚。到了吴王僚跟前，专诸突然从鱼腹中抽出宝剑，刺死了吴王僚。旁边的卫士一拥而上，专诸顿时被砍成肉泥。此时，公子光趁乱放出埋伏的武士，诛杀了吴王僚的手下。他立即率领武士攻入宫中，召集文武大臣，宣布自立为国君，他就是吴王阖闾。他封专诸的儿子为上卿，把鱼肠剑封存起来，永不再用。

春秋青釉水波纹三系鼎

过昭关

楚平王派人前去召唤伍尚、伍子胥兄弟二人，对他们说:“大王说了，你们要是肯来，就赦免你们的父亲。”大哥伍尚对伍子胥说:“大王说我俩过去可以让父亲免于一死，如果我不去，就是不孝；如果父亲被无辜杀戮，却无法报仇雪恨，就是无谋。聪明的人懂得如何权衡，如今我去见父亲，为父尽孝，你还是赶紧逃走，将来为父亲和我报仇!”

伍子胥含泪拜别了兄长，来到门外，弯弓搭箭，对使者说:“父亲有罪，凭什么要连累他的儿子呢?”众人看到伍子胥的姿态，不敢阻拦，伍子胥得以顺利逃走。伍奢听说伍子胥逃走了，叹息说:“楚国就要大祸临头了。”不久，伍奢和伍尚就被处死了。

伍子胥逃脱之后，打算前往宋国，投奔太子建。他四处躲避追捕，好不容易到了宋国，不巧，正赶上宋国内乱，于是又和太子建一同逃到了郑国。

郑定公客客气气地招待了太子建一行人。但太子建却和晋国合谋，企图里应外合，灭了郑国。事情败露，太子建被郑定公杀死，伍子胥带着太子建的儿子公子胜，准备投

苏州盘门

盘门原名蟠门，相传是伍子胥修苏州城时建造的八座城门之一，门上原来悬挂着用来震慑越国的木制蟠龙，因此得名蟠门，后因其曲折蜿蜒，跨越水陆，又称盘门。这也是目前唯一保存下来的古代水陆城门。

东汉画像石《专诸刺吴王僚》拓片

奔吴国。两人昼伏夜行，走了几天几夜，终于来到吴楚边境的昭关（今安徽含山北）。然而此处守关的楚军把守严密，正在张贴悬赏布告捉拿伍子胥。

伍子胥急得像热锅上的蚂蚁，只要出了昭关，就是大江，乘上船就能到吴国了。他带着公子胜想方设法避开搜捕，过了昭关，一路逃亡，好不容易来到长江边上。只见浩荡江水，波涛万顷，挡住了去路。前有茫茫长江，后有楚国追兵，这可如何是好？

正在焦急万分之时，伍子胥发现江上有一条小船正疾速驶来，船上渔翁连声呼他上船。伍子胥和公子胜上船后，小船迅速隐入芦苇荡中不见踪影。等岸上追兵悻悻离去后，渔翁将伍子胥载到岸边。伍子胥非常感激，从腰间解下祖传宝剑说：“这把剑价值百金，请您一定要收下。”

渔翁听罢，说：“楚王为了追捕你，悬赏五万石粟米作为奖金，告发之人还能赐予官职。要是我贪钱的话，怎么会送你过江呢？”他坚决不肯收下这把宝剑。

君子报仇未为晚

伍子胥过了江，没多久就生病了。他带着公子胜白天躲藏，晚上赶路，一路长途跋涉，好不容易才抵达吴国。当时吴国的国君是吴王僚，大将是公子光，伍子胥投奔公子光，得到了接近吴王的机会。

在吴国待了一段时间后，吴楚两国发生争端，吴国发兵攻打楚国，胜利而归。伍子胥劝吴王僚乘胜继续攻楚，公子光却从中借故阻拦，他对吴王说：“伍子胥的父兄都被楚王杀死了，他劝大王攻打楚国，不过是为了报私仇，我们是打不过楚国的。”聪明如伍子胥，已经看出公子光的野心，他把刺客专诸推荐给公子光。在公子光的策划下，专诸刺杀了吴王僚，公子光夺得吴国君位，他就是吴王阖闾（hé lǘ）。

伍子胥帮助阖闾即位，得到了阖闾的重用，他被吴王阖闾任命为“行人”，负责接待外宾，出使列国，成为吴国的重臣。周敬王十四年（前506年），吴王阖闾亲自率领孙武、伍子胥等人发兵攻打楚国，占领了楚国的都城郢都。伍子胥终于报了当年的杀父之仇。（商国君）

倒行逆施

伍子胥率领吴军攻破郢都时，他的朋友申包胥逃到山里，派人告诉伍子胥说：“您这样报仇，太过分了！我听说，人多可以战胜天理，但天道有常，也能破坏人谋。您原来是楚平王的臣子，曾经侍奉过他，如今为了报仇竟做到如此地步，真是太伤天害理了！”伍子胥听到后，派人传话给申包胥：“我年纪大了，就像太阳马上要落山，但我还要赶很长的路，所以不得不违背常理行动。”成语“倒行逆施”“日暮途远”，就源自这个故事。

孙武与《孙子兵法》

孙武是中国古代著名的军事理论家，他曾给吴王阖闾讲授兵法，留下了广为流传的“吴宫教战”的故事。孙武将古代战争实践上升到理论高度，所著《孙子兵法》一书，被誉为中国古代兵家的经典。

孙武出山

伍子胥逃难到吴国的时候，齐国人孙武也正在吴国隐居。孙武先祖本是陈国的公族，后来公子陈完为避难逃到齐国，他的后人中有一支被赐姓孙。孙武正是出生在这样的家庭，他自幼爱好兵法，读了不少关于如何管理军队和行军打仗的书。后来齐国发生内乱，孙武就来到齐国南面的吴国隐居起来。

在吴国，伍子胥结识了孙武，两人慢慢成为好朋友，彼此都非常了解。伍子胥帮助吴王阖闾即位后，成了吴王的心腹。为了早日报楚平王冤杀父兄之仇，伍子胥觉得自己孤掌难鸣，一定要找个有才能、信得过的人做帮手。于是他找到好朋友孙武，极力劝说他出山。

在伍子胥的恳请之下，孙武终于答应出山。他在隐居期间，已经写成了《孙子兵法》，他把自己写的这十三篇兵法呈给吴王。吴王阖闾读了孙武的兵书，对他非常赏识，于是就邀请他进宫，让他给自己讲解兵法。

孙武画像

知彼知己者，百战不殆；不知彼而知己，一胜一负；不知彼不知己，每战必殆。

——《孙子兵法》

小试牛刀

一天，孙武在给吴王讲解兵法时，吴王阖闾说：“先生的大作我都拜读完了，您是否可以实际操练一下看看？”孙武答道：“可以。”阖闾有心要考验一下孙武，又问，“操练妇人可以吗？”孙武点点头。于是阖闾立即召来一百八十名宫女，由自己宠爱的两个妃子带队，让孙武带她们到校场上操练，自己则坐在台上观看。

到了校场，孙武将一百八十名宫女分为两队，让吴王阖闾宠爱的两个妃子当队长，各领一队。随后，他让宫女们穿戴盔甲，拿上武器，耐心教她们步法、队列，以及听鼓点进退的基本要领。

一开始，宫女们感觉很新鲜，队列还比较整齐。但宫女们哪受过这种约束，练了一会儿，她们就开始东倒西歪，乱哄哄笑个不停了。

孙武见状，下令队伍全体卧倒，然后郑重宣布：“听好鼓声——一鼓全体起立！”随后一挥手，让鼓手“嗵”地敲响了第一次鼓。

宫女们听到鼓声，有的仍旧卧在地上不动；有的捂着嘴憋着笑；有的站了起来，却你拥我挤，歪歪扭扭。

孙武见状，说道："号令讲得不清楚，动作不明白，这是我这主将的责任。"说罢他又将军令、法规复述了一遍。然后一挥手，孙武下令再次击鼓。

这次鼓响之后，宫女们虽然都站了起来，却依然彼此嬉笑推搡，不成体统。孙武见状，怒目圆睁，厉声喝问："执法官何在？"

执法官跑到孙武面前跪下，答道："在！"

孙武沉声说道："约束不明，号令不熟，错在主将；现在号令已经交代清楚，却依旧不遵守号令，错在士官。"说罢他问执法官，"该如何处置？"

执法官说："按军法当斩！"

于是孙武下令："将两个队长斩首示众！"

两个队长立刻被武士捆绑起来。台上的吴王阖闾见了，慌忙派人下来求情说："大王已经知道你练兵的本领了。这两人是大王最喜欢的妃子，请将军赦免她们吧。"

但孙武说："军中无戏言，将军指挥军队

吴王光剑

吴王光就是吴王阖闾，吴王光剑传世有五件，分别藏于我国的上海、山西、安徽等地及美国、荷兰。此剑为其中最长的一件。

作战的时候，君主的命令也可以不接受。"他大手一挥，硬是下令将两个队长斩了，然后命每队队首的宫女做队长，继续击鼓操练。这一次，宫女们不要说嬉笑了，连大声喘气都不敢。她们队列整齐，往来有序，令行禁止，俨然是支很有战斗力的军队。

吴王阖闾见孙武竟然不给自己面子，杀了他的两个爱妃，心里很不痛快。伍子胥赶忙对他说："要训练出一支强大的军队，必须执法如山，不讲情面。"吴王阖闾听了伍子胥的话，也见识到孙武带兵的本领，于是拜孙武为将军，和伍子胥一起统率吴国军队。

春秋战国时期青铜戈

《孙子兵法》的版本

《孙子兵法》现存最早的版本是1972年山东银雀山汉墓出土的竹简《孙子兵法》，可惜是残篇，不能窥其全貌。现存最早的刻本为南宋孝宗、光宗年间的《武经十书》本和南宋宁宗时的《十一家注孙子》本。

柏举之战

在伍子胥、孙武、太宰嚭（pǐ）等人辅佐下，吴王阖闾采取分兵轮番袭扰的策略，频频派兵骚扰楚国东部边境。数年之间，楚军疲于奔命，又难以判断吴军的具体目标，战斗力大大削弱。

周敬王十三年（前507年），屡受楚国压迫的蔡国（都城在今河南新蔡）、唐国（今湖北随县唐县镇）与楚国的老对手晋国、吴国结盟。第二年，应蔡国之邀，以晋国为首的十八国诸侯结为同盟，准备攻打楚国。楚军大举进攻蔡国，让吴国君臣看到了机会。这年冬天，以保卫蔡国为借口，吴王阖闾集结大军，连同蔡国、唐国盟军，秘密绕过大别

《武经七书》

《武经七书》也称《武学七书》《七书》，它是北宋朝廷颁布发行的兵法全书，由《孙子》《吴子》《六韬》《司马法》《三略》《尉缭子》《李卫公问对》七部著名兵书汇编而成，汇集了中国古代军事著作的精华。

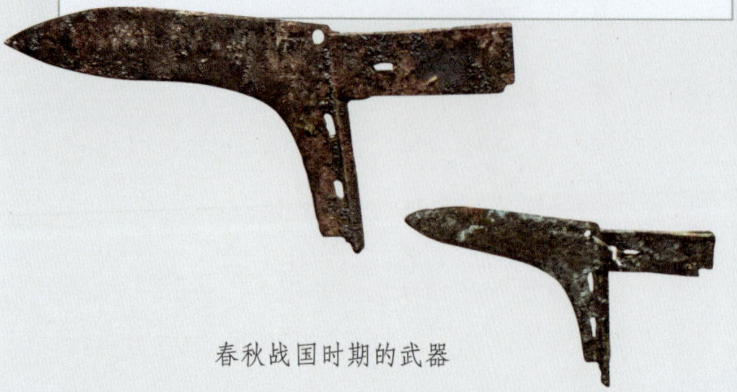

春秋战国时期的武器

山脉，从楚国防守薄弱的东北部迂回进军，出其不意地直取楚国腹地。

虽然没有防备，但楚国毕竟是个大国，楚王马上集结起数量远超吴国的大军，试图一举击败吴军。吴国君臣且战且退，从汉水东岸退到丘陵起伏的山区，发挥吴军灵活机动、步兵强大的优势，连续三次击败楚军，狠狠挫败了楚军的锐气。

完成了调动和削弱楚军的目标后，吴军停止后退，在柏举（今湖北麻城东北）与楚军对阵。吴王阖闾亲率大军压上，打败了楚军。吴军乘胜追击，多次击败楚国残军，十天之后，就攻入了楚国的都城郢，创造了长途奔袭、以弱胜强的奇迹，这就是著名的柏举之战。

攻其无备，出其不意。

——《孙子兵法》

兵圣名作传后世

伐楚归来后，吴王阖闾正想给孙武记功，没想到孙武已浪迹江湖，不知所终，只留下十三篇兵书名垂后世，这就是著名的《孙子兵法》。

《孙子兵法》也叫《孙子》《吴孙子》《孙武兵法》，它集中体现了孙武的军事思想。孙武总结了春秋末期及以前的战争经验，揭示了许多用于指导战争的普遍规律，如“知己知彼，百战不殆”“致人而不致于人”“因敌而制胜”，等等。

在中国和世界军事史上，孙武最早系统论述了这些用于指导战争全局的战略问题，《孙子兵法》也是世界现存最古老的军事理论著作，书中包含着朴素的唯物论和辩证法思想。它是我国古代《武经七书》之首，被誉为“兵学圣典”“兵经”，备受人们推崇。《孙子兵法》在8世纪时传入日本，后来又传入欧洲，被翻译成日文、法文、德文、英文等多种文字，在世界范围内广泛流传。《孙子兵法》以其博大精深的军事理论彪炳古今中外，而孙武也以“兵圣”之名流芳千古。（商国君）

山东临沂银雀山汉墓出土的《孙子兵法》竹简

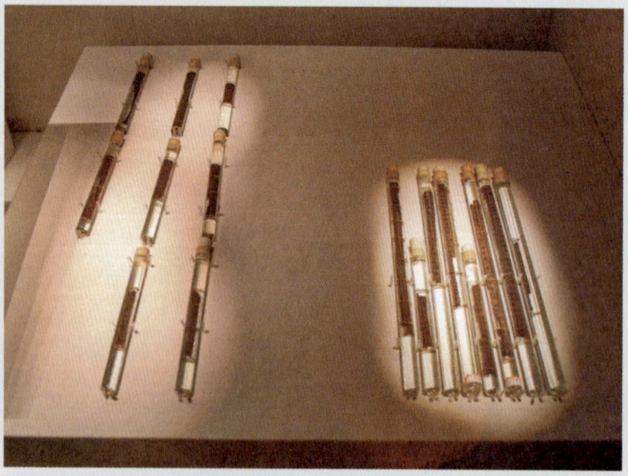

越王勾践剑

这把剑是越王勾践自用的宝剑，剑身布满黑色菱形花纹，靠近剑格处刻有“越王鸠浅（勾践）自乍（作）用鐱（剑）”八个字的鸟篆铭文。这把剑历经两千多年，依然锋利如新，几乎没有锈蚀，体现了先秦时期越国高超的铸剑工艺。

勾践卧薪尝胆

越王勾践继位不久，吴王阖闾就兴兵讨伐越国，结果负伤去世；吴王夫差继位，为父报仇，打败越国，强迫勾践成为自己的奴仆。勾践忍辱负重，卧薪尝胆，积聚力量，终于灭了吴国，报仇雪恨。

吴越相争，数代仇敌

吴国军队攻入楚都之后，楚国大臣申包胥去秦国求来了救兵。此时吴王阖闾的弟弟夫概偷偷跑回吴国，自立为王，发动叛乱；与吴国相邻的越国也趁机攻打吴国。无奈之下，阖闾只得从楚国退兵。平息了国内的叛乱后，吴王掉转头来就去攻打趁火打劫的越国。越国是吴国的邻国，国力不如吴国强大，见到吴国大军杀来，越王允常只得撤兵，两国的关系进一步恶化了。

周敬王二十四年（前496年），越王允常去世，勾践继位。趁着新王登基，根基不稳，吴王阖闾决定大举出兵讨伐越国，以报九年前越国偷袭之仇。大臣伍子胥竭力谏阻，吴王阖闾不予采纳。于是吴、越两国军队在檇（zuì）李（今浙江嘉兴西南）相遇。

越王新丧，越国又不如吴国兵强马壮，勾践见吴军阵势严整，无懈可击，于是想出了一招妙计。他派出一支由犯人组成的特殊敢死队，让他们跑到吴军阵前高声呐喊，然后自刎身亡。吴国士兵从没见过这样奇怪的举动，一时之间有些走神，越军则抓住机会，迅速攻向吴军。慌乱之中，吴军被打了个措手不及，吴王阖闾脚趾被砍受伤。吴军溃败，被迫后退七里，阖闾也因为伤重去世。临终前，他嘱咐儿子夫差，一定不要忘记向越国报仇。

夫差即位后，在伍子胥和太宰嚭等人的协助下，励精图治，时刻准备着向越国复仇。为了保持警醒，不忘杀父之仇，夫差命令手下遇到他就要大声提醒："夫差！你忘了越国的杀父之仇吗？"夫差则高声回答："没有！我不敢忘！"

勾践听闻夫差在加紧练兵，想要趁吴国还没有准备好，先发制人。大夫范蠡（lǐ）苦口婆心地劝阻，勾践却固执己见，不予理会。周敬王二十六年（前494年），勾践亲自统率大军，向吴国发起进攻，吴王夫差率军应战。

吴越两军相遇于夫椒（今江苏苏州洞庭西山），双方展开激战。夫差激励将士奋勇拼杀，越国军队伤亡惨重，遭到毁灭性的打击。勾践率领仅剩的五千多名残兵败将退守到都城会稽（今浙江绍兴）以北的高地。

越人断发文身

狭义上的"越"指的是先秦时建都会稽的越国及其部落。广义上则指的是秦汉以前分布于长江中下游以南的古民族，部落众多，因此又被称作"百越""扬越"。根据《左传》《庄子》《淮南子》等典籍记载，越人不留长发，身上也不怎么穿衣服，而是以文身进行装饰。至今，海南的黎族等少数民族还有部分人保留着这样的习俗。

吴军很快就要对会稽发起攻击，情势万分危急。越王勾践采纳了范蠡的意见，派大夫文种带着各种奇珍异宝，向吴王夫差请降求和，表示愿意将越国献给吴王，并向吴王称臣。夫差想要接受越国的投降，伍子胥坚决反对，他说："大王千万不要接受投降！如今越国被我们打败，这正是消灭越国的好时机。大王若放过他们，将来一定会后悔的。"

为了保全越国，勾践和范蠡、文种商议再三，决定利用吴国太宰嚭从中调和。太宰嚭是个贪财好色的人，勾践派文种暗中送给他许多美女和金银财宝。太宰嚭接受了贿赂后，就想方设法帮助文种去见夫差。在太宰嚭的影响下，被胜利冲昏了头的夫差，根本听不进伍子胥的忠言劝告，最终接受了勾践的投降。

忍辱负重，卧薪尝胆

勾践请降求和之后，保存了部分残余力量，作为越国复兴报仇的基础。身为一国君主，勾践带着他的夫人及大臣范蠡，亲自前往吴国当人质，并侍奉夫差。

为了表示彻底归顺，勾践和夫人住在阴暗、潮湿的石洞里，尽心尽力地为夫差饲养马匹。勾践砍草喂马，夫人则饮马、清扫马粪。夫差出行，勾践便在前面执鞭牵马跟随伺候，不敢稍有懈怠。时间久了，夫差也慢慢对勾践生出同情之心来。

范蠡打探到夫差对勾践动了恻隐之心，一面继续派人暗中给太宰嚭送礼，一面加紧替勾践谋划。恰好此时夫差生病，一时不能确诊。勾践在范蠡的安排下，去探望夫差。他竟然当众尝了尝夫差的粪便，以帮助大夫诊病，这让夫差非常感动。病好之后，夫差感念勾践的“忠诚”，就放他回到越国。

勾践返回越国后，立即与范蠡、文种等大臣共同商议向吴国复仇的策略。他抓住一切机会，继续讨好夫差及吴国的权臣，经常赠送他们礼物，还把大美女西施献给夫差，博取吴国君臣的欢心。如此一来，吴国群臣除了伍子胥之外，几乎都为勾践说好话。为了离间伍子胥和夫差的关系，勾践又拉拢太宰嚭挑拨离间，为自己复兴越国赢得了宝贵的时间。

为了让越国强大起来，勾践委派范蠡负责军事事务，文种负责内政之事。他在政治上推行休养生息的政策，鼓励农业生产，加强文化教育，改革内政，抓紧机会训练军队，为复仇奠定物质基础。

春秋晚期吴王夫差盉

盉是酒器，用来调和水、酒，再倒入爵、觚等器具中饮用，也可用于温酒。这件吴王夫差盉通体采用龙纹进行装饰，弧形的提梁做成龙的造型，龙体中空，由无数条相互交缠的小龙组成，这种纹饰被称作透雕交龙纹。

勾践本人则和夫人一起亲自耕作纺织，他吃着粗茶淡饭，穿着破布麻衣，礼贤下士，厚待宾客，和百姓一同劳作。据说，为了警醒自己，勾践还在房间里悬挂了一枚苦胆，每天起床就要尝一下苦胆，提醒自己不忘战败之耻。

十年生聚，一朝雪耻

经过越国君臣的苦心经营，越国积累了一定的实力。勾践急切地想要向吴国复仇，大夫逢同劝谏说：“越国前几年才经历战乱，如今刚有些积累，不如从长计议。大王可结交齐国，亲近楚国，依附晋国，厚待吴国。吴王野心很大，一定会轻视我们越国。我国秘密联合三国的势力，促使他们讨伐吴国，再趁吴国疲惫时攻打它，一定可以成功。”勾践采纳了逢同的建议。

周敬王三十六年，吴王夫差准备攻打齐国。老臣伍子胥极力劝谏夫差先攻打越国。夫差不听劝阻，执意攻打齐国，在艾陵（今山东莱芜东北）打败齐军。夫差因此更加得意忘形。

越国大臣文种觉得吴王太骄横了，打算以借粮食的名义，试探一下夫差对越国的态度。伍子胥百般劝阻，夫差还是把粮食借给了越国。伍子胥气愤地说：“大王不听劝，几年后吴国将成为废墟！”一心想害死伍子胥的太宰嚭听到后，趁机在夫差面前诋毁他：“伍子胥看着老实，内心其实很残忍，他连自己的父亲、哥哥都不管不顾，又怎么会忠于大王呢？上次大王想讨伐齐国，伍子胥强行劝阻，盯住越王不放，实际上他早就和齐国有勾结，企图出卖吴国。”

夫差一开始不信太宰嚭的话，派伍子胥出使

卧薪尝胆的由来

勾践尝胆的故事，最早出自《史记》，但《史记》中并没提到“卧薪”。将“卧薪”和“尝胆”放在一起作为成语使用，则出自苏轼的《拟孙权答曹操书》一文。后来，勾践卧薪尝胆的故事越传越广，成为刻苦自励、发奋图强的典故。

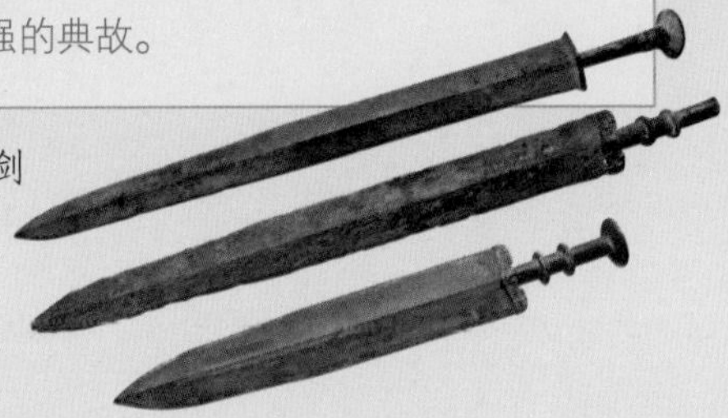

吴国和越国的青铜剑

齐国。后来他听说伍子胥把自己的儿子托付给齐国的鲍氏，勃然大怒，就赐给伍子胥一把宝剑，让他自杀。

伍子胥接到宝剑，仰天大笑：“苍天啊！大地啊！我当年辅佐你的父亲成就霸业，又拥立你成为君王。你当初要把吴国的一半分给我，我都不要，如今却怀疑我谋反要杀我，真是个不成器的家伙！”他转头对使者说，“我死了以后，一定要把我的眼睛挖出来挂到都城的东门上，我要亲眼看着越国军队攻进吴国都城！”说罢，伍子胥就挥剑自杀了。

周敬王三十八年，夫差北上黄池（今河南封丘南）会合诸侯。吴国的精兵强将都跟着夫差前往黄池，只剩老弱残兵和太子留守国都。勾践抓住机会，派出五万人的大军攻打吴国。经过一场激战，吴军战败，连太子都被越军杀了。

黄池会盟后，夫差得知后院起火，急忙带兵返回国内。他派人向越国求和。勾践见吴国实力尚存，不能马上消灭吴国，就与吴国讲和了。此时的吴国虽然在会盟中一展雄风，却引来诸侯各国的警惕，已经无力对外扩张。吴、越两国的力量天平，开始向越国倾斜。

几年之后，越国又集结大军攻打吴国，双方在笠泽（古水名，今江苏吴江一带）相遇。越国决定性地击败了吴国的主力军队，进逼吴都（今江苏苏州）。经过多年围攻，夫差走投无路，只得派人求和。勾践一度有些动摇，想要同吴国讲和，但在范蠡的劝谏下，最终还是拒绝了吴国的求和。

勾践可怜夫差，派人传话：“我可以把您安置到甬东（今浙江舟山岛），统管一百户人家。”吴王夫差万念俱灰，他对使者说：“我老了，侍奉不了大王了。”他颤颤巍巍地站起来，用衣袖遮着脸说，“我没有脸去见伍子胥啊！”随后挥剑自刎。

这一年是周元王四年（前473年），越国终于灭掉了吴国。勾践随后领兵北渡淮河，跟齐国、晋国诸侯在徐州（今山东滕州南）会盟。周元王派人赐给勾践祭肉，承认了他的霸主地位，于是越王勾践就成了春秋时期最后一位霸主。（商国君）

春秋晚期吴王夫差鉴

鉴是一种用来盛水、盛冰的器物，特别大的也可用作浴器。古时没有镜子，人们盛水于鉴，用来照影。战国以后大量制作青铜镜，因此铜镜也被称为鉴。这件吴王夫差鉴，是吴王夫差宫廷中的御用之物。

《诗经》里的历史与美

《诗经》是我国第一部诗歌总集，它是中国文学的光辉起点，也是文学史上的一座高峰。《诗经》中不仅包含着丰富的历史资料，更散发着诗歌的浪漫与美丽。

诗歌与《诗经》

最早的诗歌是从劳动中产生的。两千多年前，有一个叫翟翦的人说："当几十个人抬大木头时，前一个喊'嗨哟'，后面的几十个人也跟着一起喊'嗨哟''嗨哟'。"这种有节奏、有韵律的劳动唱和，就是诗歌的起源。可见最早的诗歌是劳动时唱出来的。虽然今天的诗和歌已经成为不同的文学艺术形式，但诗仍可以被称作诗歌。早期的诗歌能直观地反映人们在生产劳动和日常生活中的喜怒哀乐，从中可以看出民情民意，于是早在周代就有了采诗官（也有说是由各国乐师搜集的）。每年春天，采诗官摇着木铎到民间搜集歌谣，他们采集到的诗，经乐师整理后呈给周天子，作为周天子施政的参考。采诗官们采集的民俗歌谣又叫"风"，这是"采风"一词的最早来源。据说春秋时期经采集流传下来的诗有三千多首。

这三千多首诗，经过西周尹吉甫编纂（一说采集），又经孔子编订，定名为《诗》，成为我国最早的一部诗歌总集。《诗》共收录311篇，其中6篇只有标题，并无诗文，称为"笙诗六篇"，所以实际上《诗》收录的诗歌只有305首，后人取其整数称"诗三百"。《诗》包含三部分内容——风、雅、颂。《风》是采自各个诸侯国的民歌，因此称《国风》；《雅》是周天子国都范围内流行的正声雅乐，有《大雅》《小雅》之分；《颂》是周王室和贵族宗庙祭祀的乐歌，又分《商颂》《周颂》《鲁颂》。

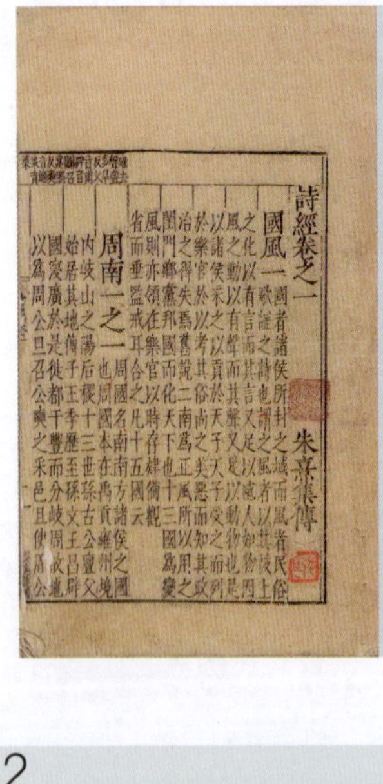

明刻本《诗经集传》书影

此书为南宋理学家、教育家朱熹所著。

尹吉甫

尹吉甫是西周宣王时大臣，本姓姞，字吉甫。尹为官名，尹吉甫也是尹姓和吉姓共同的太始祖。关于尹吉甫的青铜器，历代出土很多，著名的有兮甲盘、兮吉父簋等。尹吉甫是我国已知姓名最早的诗人，今本《诗经》中有两篇诗明确标记是他所作，这两首诗也是我国传世文献中明记作者最早的诗篇。

诗者，志之所之也。在心为志，发言为诗，情动于中而形于言。言之不足，故嗟叹之。嗟叹之不足，故咏歌之。咏歌之不足，不知手之舞之足之蹈之也。

——《毛诗大序》

孔子说："《诗》三百，一言以蔽之，曰思无邪。""思无邪"就是符合儒家政治道德标准的纯正思想。孔子不但教导儿子孔鲤"不学《诗》，无以言"，也鼓励他的学生学《诗》："小子何莫学夫《诗》？《诗》，可以兴，可以观，可以群，可以怨。迩之事父，远之事君，多识于鸟兽草木之名。"

汉武帝时尊崇儒术，《诗》被儒家奉为经典，遂成为"五经"（《诗》《书》《礼》《易》《春秋》）之首，至此始称《诗经》。南宋时，儒学集大成者朱熹将《大学》《中庸》《论语》《孟子》合在一起注解，称为"四书"，于是有了"四书五经"之说。

《诗经》里的夏、商、周

《诗经》中收录的作品年代，上自西周初年，下至春秋中叶，时间跨度五六百年；创作地域则以黄河流域为中心，南到长江北岸。在时间和空间两个维度，这些诗歌充分再现了当时社会生活的方方面面，乃至人的思想观念、精神心理等，其中不乏对夏、商、周时代的历史描述。

《诗经》中对夏朝的描述虽然不多，但都很精辟。如"韦顾既伐，昆吾夏桀"，意思是周武王先讨伐了韦国和顾国，又灭掉了昆吾和夏桀。又如"殷鉴不远，在夏后之世"，意思是殷商可以借鉴的教训并不久远。这些诗句虽然只有寥寥数句，却反映出当时的人知道且相信夏朝存在的事实。

《诗经·秦风·蒹葭》

蒹葭苍苍，白露为霜。所谓伊人，在水一方。溯洄从之，道阻且长；溯游从之，宛在水中央。

蒹葭萋萋，白露未晞。所谓伊人，在水之湄。溯洄从之，道阻且跻；溯游从之，宛在水中坻。

蒹葭采采，白露未已。所谓伊人，在水之涘。溯洄从之，道阻且右；溯游从之，宛在水中沚。

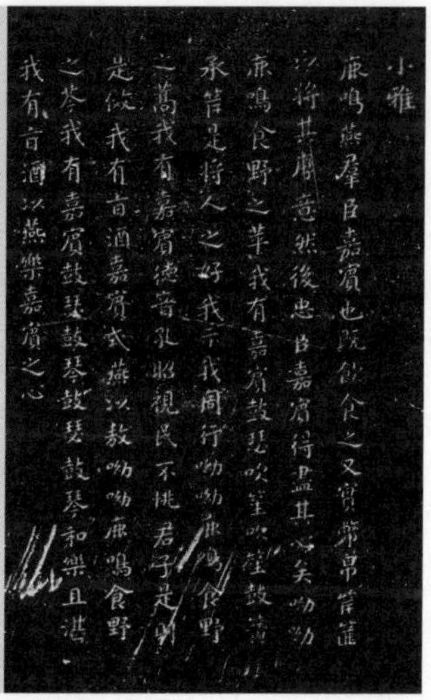

南宋太学石经《诗经·鹿鸣》

《诗经》中对商朝的追述主要集中在《商颂》部分。《商颂》是殷商后裔祭祀、追述殷商祖先的颂歌。诗中先写殷商始祖契的远古神话传说，有娀氏之女简狄因误吞玄鸟（燕子）的卵而怀孕生契，契建立商朝，即“天命玄鸟，降而生商，宅殷土芒芒”。

《诗经》中对周朝的史实性记载最丰富，反映了周王朝的许多重大史实与政治变化。如《大雅·生民》描写了周始祖后稷的故事，其中既有神话色彩，又含有真实的历史。诗中说，周人的繁衍始自姜嫄，姜嫄踩到了天帝的足印而怀孕，生下来的孩子就是后稷。她把新生儿丢弃于小巷，牛和羊来喂养他；再弃于森林中，樵夫来救护他；又弃于寒冰上，大鸟展开翅膀温暖他。据《史记·周本纪》的说法，后稷之所以名“弃”，就是因为他年幼时经常被遗弃。后稷健康地活下来后，展现出在农业种植方面的天赋，他天生会种各种庄稼和农作物，而且种什么都丰收。正是由于他的天赋异禀，周人的部落日益富足，日益强大。后稷也被后人尊为谷神。

风、雅、颂之美

诗本身就是美的，《诗经》中的美更是多元而无所不在的。

《诗经》中描写自然之美的句子很多。写春天之美的，如“桃之夭夭，灼灼其华”（《周南·桃夭》）。写深秋之美的，如“蒹葭苍苍，白露为霜”（《秦

[宋]马和之《豳风图》（局部）

风·蒹葭》)。写春冬之美的，如“昔我往矣，杨柳依依。今我来思，雨雪霏霏”(《小雅·采薇》)。写月亮与人之美的，如“月出皎兮，佼人僚兮”(《陈风·月出》)。写动物之美的，如“呦呦鹿鸣，食野之苹”《小雅·鹿鸣》)。

歌颂劳动之美的句子也很多。如“伐木丁丁，鸟鸣嘤嘤。出自幽谷，迁于乔木”(《小雅·伐木》)。从中我们不但可以想见当时伐木的场景，仿佛也可以听到两千多年前先民伐木时叮当作响的声音。

描写男子阳刚之美的，如“彼其之子，美如英”“彼其之子，美如玉”(魏风·汾沮洳》)。描写女子貌美的诗句更多，其中最有名的就是“手如柔荑，肤如凝脂，领如蝤蛴，齿如瓠犀，螓首蛾眉。巧笑倩兮，美目盼兮”(《卫风·硕人》)。

爱情之美是诗歌永恒的主题，也是《诗经》中最美好、最浪漫的内容。如“窈窕淑女，君子好逑”(《周南·关雎》)，“一日不见，如三秋兮”(《王风·采葛》)，“有美一人，婉如清扬。邂逅相遇，与子偕臧”(《郑风·野有蔓草》)，“执子之手，与子偕老”(《邶风·击鼓》)。

《诗经》语言优美生动，丰富多彩，具有很高的艺术成就。反复咏唱的复沓结构，大量叠字、联绵词以及语气词的使用，使《诗经》中的诗歌具有极强的韵律之美、形象之美。这些美好的描写，深深打动着一代又一代的读者。

(杨加深)

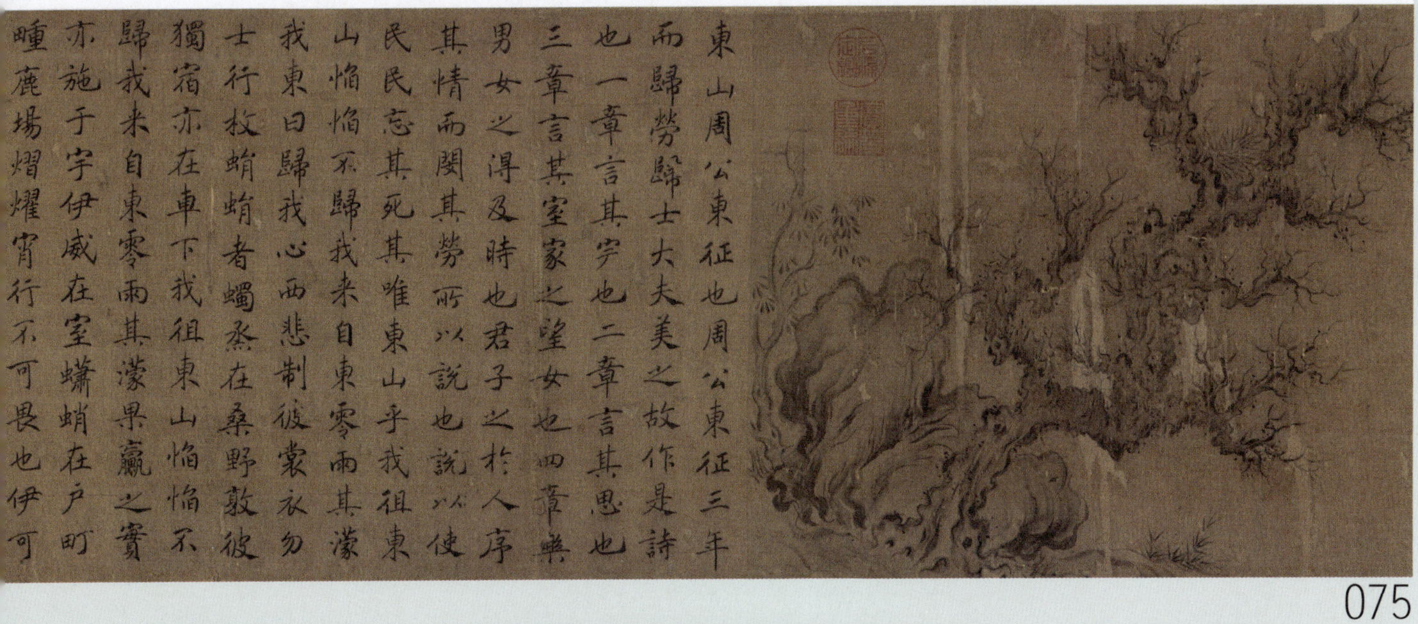

《春秋》与《左传》

在浩如烟海的中国史籍中，《春秋》和《左传》的地位非常特殊，这不仅是因为它们产生的年代早，更是因为这两部书塑造了中国史学的品格。

孔子作《春秋》

前面我们讲过了孔子的故事，他一生孜孜不倦地追求自己的政治理想，但四处碰壁，于是他晚年回到鲁国，一边教学一边整理、编订经典文献，以此来寄托自己的政治抱负，《春秋》就是其中非常重要的一部。

我国有着源远流长的记史传统。传说在远古的黄帝时期就有了专门的史官，由造字的仓颉担任这一职务。在西周时期，周王室和各诸侯国更是设立了专门机构，负责记录国家大事、编写史书。孔子便是以鲁国原有的国史为基础，经增删、修订而成《春秋》一书。现存的《春秋》，记录了从鲁隐公元年（前722年）到鲁哀公十四年（前481年），共二百四十二年的历史，是我国第一部编年体史书。

> **“春秋”的由来**
>
> 据说我国古代的历法一年只有春、秋两个季节，后来人们将春和秋合起来，表示年岁。古代国家大事（如祭祀、战争）一般都选在春、秋两个季节进行，因此“春秋”也成为古代记事史书的通称。除了有《鲁春秋》以外，还有《燕之春秋》《宋之春秋》等，但大多没有流传下来。后代的史书也有沿用这一名称的，如《吴越春秋》。春秋、战国时期的诸子百家著作，也有以“春秋”为名的，如《晏子春秋》《吕氏春秋》。

在孔子看来，他所生活的年代，王权旁落，诸侯群雄并起，是个“礼崩乐坏”的时期。在编撰《春秋》时，他寄寓了自己“仁政德治、正名复礼”的理想，以委婉的方式表达了自己的政治态度。如，楚王在《春秋》中被称为“楚子”，就是指责楚国君主始封为子爵，却僭越称“王”，不合礼制。

孔子认为，他已经将自己的思想隐晦地融入《春秋》的字里行间，故在编撰工作完成后，他感慨地说：“知我者，其惟《春秋》乎！罪我者，其惟《春秋》乎！”（《孟子·滕文公下》）因为《春秋》中暗藏孔子的“微言大义”，所以孟子曾评价说：“孔子编成《春秋》，使乱臣贼子们胆战心惊。”司马迁在《史记》中对孔子作《春秋》有高度的

明万历刻本《春秋左传》书影

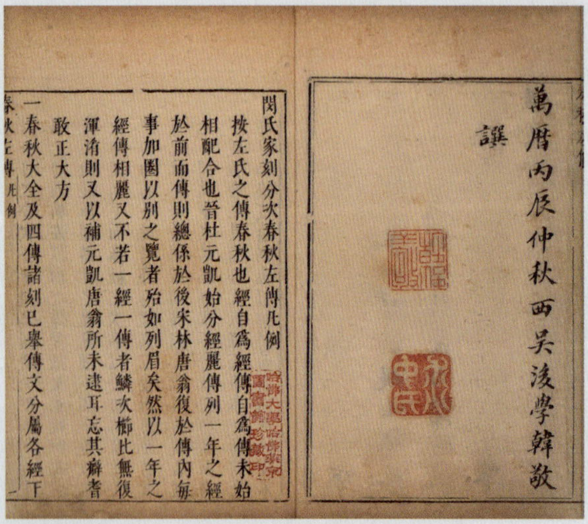
萬曆丙辰仲秋西吴後學韓敬
識

閔氏家刻分次春秋左傳凡例
按左氏之傳春秋也經自爲經傳自爲傳未始
相配合也晉杜元凱始分經麗傳列一年之經
於前而傳則總係於後宋林唐翁復於傳內每
事加圈以別之覽者殆如列眉矣然以一年之
經傳相麗又不若一經一傳者鱗次櫛比無復
渾淆則又以補元凱唐翁所未逮耳志其癖者
敢正大方
一春秋大全及四傳諸刻已舉傳文分屬各經下
春秋左傳 凡例

评价，认为这是一部拨乱反正、聚集“礼义之大宗”的著作。汉代之后，《春秋》更是被尊为儒家重要的经典著作，对经学和史学，乃至传统政治都产生了重大影响。

左丘明画像

左丘明与《左传》

《春秋》记录了两百多年的历史，而全文仅有1.8万字左右（现存版本约1.6 万字），故其用字极为简练，记述事件少则一字，至多不过四五十字。虽然孔子用心良苦，在《春秋》的字里行间埋入了自己的“思想密码”，但由于记述过于简练，一般人根本看不明白。不久，便有一位叫左丘明的人写了《左传》来解释《春秋》。

《左传》也称《春秋左氏传》或《左氏春秋》。据古籍记载，左丘明大约与孔子生活在同一时代，年龄要比孔子稍小。他的始祖为齐国的开国君主吕尚（即姜太公），世居齐都营丘（后称临淄，今山东淄博东北）。后来因为避祸，祖上先迁到楚国，又辗转来到鲁国。到左丘明时，他成为鲁国的史官，深得鲁国国君信任。有一回，鲁国国君想委任孔子为司徒，事先征求左丘明的意见，左丘明毫无保留地表达了对孔子的支持，说孔子是大圣人。

孔子去世后，左丘明有感于《春秋》过于简略晦涩，为了使后人能够看懂《春秋》，不至于歪曲孔子的本意，他便写了《左传》，对《春秋》进行解释。《左传》有近二十万字，相较于《春秋》，扩充了十倍之多。它叙事完备，为研究、考察春

西晋《正始石经》拓本（局部）

这段拓本是《正始石经》中关于《春秋》的内容。

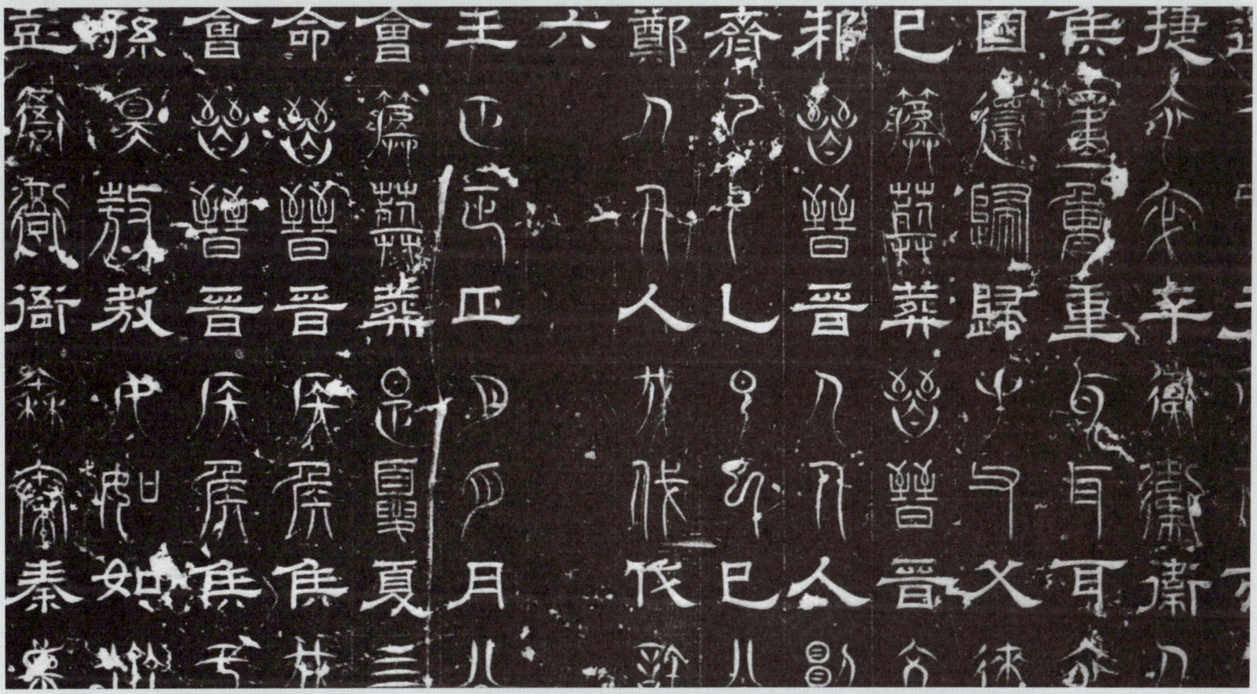

［宋］李唐《晋文公复国图》（局部）

此画绘于北宋末年，共分六段。画家根据《左传》中的记载，描绘了晋文公被父亲放逐在外十九年后即位复国的故事，意在激起康王赵构等君臣不畏艰险、忍辱负重的雪耻之心。

秋时期的政治、军事、经济，以及社会各个方面提供了丰富而生动的材料，我们现在关于春秋时期的各种了解，大都来自《左传》。

另外，需要说明的是，关于《左传》是不是左丘明所写，历史上一直存在争议。现在有不少学者认为《左传》最终成书于战国，它的作者不会只是“春秋时期的左丘明”，作者可能不止一人。

引人入胜的《左传》

与《春秋》相比，《左传》多记载了十七年的历史，而且叙事远比《春秋》详细、完整、生动，它的叙事方法、写作艺术，对后世史书的编写，以及小说、诗歌、戏剧等文学样式影响很大。晋人贺循曾评价《左传》：“左氏之传，史之极也，文采若云月，高深若山海。”

《左传》尤其善于以洗练生动的笔墨记述纷繁复杂的历史事件，能够用寥寥数语将事件中的人物刻画得栩栩如生。例如，《春秋》记载郑庄公与其弟共叔段的故事，仅用了“夏五月，郑伯克段于鄢”九个字，令人看了不明所以，而《左传》则用了五百余字，生动记述了这件事情的起因、经过和结果。原来事情的大致经过是这样的：

郑庄公的母亲武姜先后生了郑庄公和共叔段两个儿子。武姜生大儿子郑庄公时，难产受到惊吓，所以她很讨厌郑庄公，对小儿子共叔段则宠溺有加。郑庄公在母亲的厌弃中长大，养成了隐忍的性格。郑庄公做了国君后，武姜又暗中支持共叔段夺权。郑庄公察觉了武姜和共叔段的意图，不但不加以阻止，反而故意纵容，几乎满足了他们提出的各种无理要求。大臣们都劝郑庄公要防范共叔段，郑庄公开口说了一句狠话：“多行不义必自毙，我们走着瞧吧！”共叔段果然日益骄纵，终于在鲁隐

公元年（前722年）五月发动叛乱。郑庄公以平叛为由，一举剿灭了共叔段及其党羽。政治大患清除了，郑庄公与母亲也成了一对仇人，他发誓："不到黄泉，不再相见！"但过了一年多，郑庄公又后悔了，他令人挖掘了一条很深的地道，地道中渗出了浑浊的黄色泉水，于是母子二人在"黄泉"相见了，母慈子孝，"其乐也融融"，郑庄公又恢复了大孝子的形象。

《左传》把这个"郑伯克段于鄢"的故事描写得曲折生动，将共叔段的骄纵、武姜的任性和郑庄公的老谋深算展现得淋漓尽致，无意间还创造了"多行不义必自毙""其乐融融"等至今常用的成语。

除了《左传》之外，另外还有两部书也是用来解释《春秋》的，分别是《公羊传》和《穀梁传》。这两部书的出发点与《左传》不同，《左传》侧重于叙事，在史实上对《春秋》进行丰富、补充，《公羊传》和《穀梁传》则侧重于发掘《春秋》的"微言大义"。

《左传》与《公羊传》《穀梁传》，合称"春秋三传"。可以说，《春秋》与"春秋三传"深刻塑造了中国的历史品格，即我们中国人讲历史，一方面要追求历史的真实性，另一方面要从历史的真实中确立道义和真理。（商国君 何昭旭）

《春秋》中的天象记录

中国古人非常注重记录天象，通过这些记录，我们不但可以得知过去发生的天文现象，也可以通过天象反推，确认历史事件的发生时间。《春秋》中记载了许多天文现象，全书不到两万字的篇幅中，不仅准确记录了春秋时期的三十五次日食，还有关于彗星、流星雨、陨石等的记录。"星孛入于北斗"的描述，更是人类有关哈雷彗星的最早记录，具有重大的历史和科学意义。

战国嵌错社会生活图画壶

列国争雄

《列国争雄》主要讲述了战国（前475—前221）的故事。

春秋初年的一百四十多个诸侯国，经过连年的兼并战争，到战国时仅剩十五个。其中，齐、楚、燕、韩、赵、魏、秦等七个最强大的诸侯国被后世称为“战国七雄”。

诸侯国之间竞争的关键是人才，得士者存，失士者亡。一个被称作“士”的知识群体开始活跃于历史舞台。他们形成了墨、儒、道、法等众多学派，推动了百家争鸣的文化盛况，建立起指点江山的政治事业。通过小孔成像实验发现光沿直线传播、定义点线面方圆等几何概念，以及《甘石星经》、扁鹊行医等，是这一群体在科学史上的贡献。

当时，铁制农具已被普遍使用，都江堰、郑国渠等水利灌溉工程滋润了丰收的田野。各国都城商业活跃，尤以齐都临淄为盛。

为了富国强兵，各诸侯国先后实施了不同程度的变法改革。分封制逐渐被郡县制替代，井田制被授田制替代，学在官府被私人办学替代。在各国变法改革中，商鞅主持的秦国变法是最全面、最成功的，这也为秦国统一天下奠定了基础。

韩赵魏三家分晋

晋国的始封之君是周成王同母弟叔虞。晋文侯时晋国曾崭露头角，后来晋文侯的弟弟曲沃桓叔逐渐强大，他的后裔最终夺取了晋君之位。继位的晋献公因“尽诛群公子”，公室逐渐衰弱，晋文公时，私家开始逐渐坐大。“三家”灭智伯后，晋国分裂为韩、赵、魏三国。

叔虞建国，曲沃克晋

镶嵌画像纹壶

晋国建国于西周初年，开国君主是周成王的同母弟叔虞，他被周成王封在唐（今山西翼城西）。这里传说是五帝之一的尧曾经活动的地方，所以叔虞就以唐为国号。叔虞去世后，他的儿子燮继位，因为封地境内有晋水，于是燮将国号改为晋。

叔虞被分封到唐建国，是因为他受到周王室的高度信任和重视。他不但属于被分封对象中的第一大类——王室同姓的叔伯兄弟，还是与现任周王血缘关系最亲近的同母兄弟。正因如此，周成王将当时戎狄活动频繁的地方分封给叔虞，希望他能够安边靖国，维护周王室的稳固发展。晋国也成为西周初年重要的封国之一。

山西太原晋祠

西周末年，晋文侯率军勤王，与秦襄公、郑武公一起，用武力护送周平王东迁洛邑。从此，晋国在周王室的地位逐渐提高，在诸侯中的声望也日益显赫。

春秋初年，晋国内部出现了公室（诸侯的别称）与贵族争夺君位的长期斗争。先是晋文侯的儿子晋昭侯将叔叔成师封于曲沃（今山西闻喜东北），称号为桓叔。从桓叔到他的儿子庄伯、孙子武公，他们一直和晋国公室争夺君位。到周僖王三年（前679年），曲沃武公最终打败晋国公室，成功夺取了晋国君位，史称晋武公。晋武公定都曲沃，并得到了周天子的承认。这就是历史上的“曲沃克晋”事件，也称“曲沃代翼”。晋武公以庶系篡夺嫡系，这是对周朝分封制的巨大嘲讽，也是春秋时期礼崩乐坏的初始事件，为三家分晋埋下了伏笔。

公室衰颓，私家坐大

晋武公的继任者是他的儿子，也就是晋献公。晋献公统治时期，晋国军事实力得到大幅提升，他将原来的“一军”扩充为上下“二军”，灭掉周边不少小诸侯国，晋国的统治区域也不断扩大。

周惠王五年（前672年），晋国讨伐骊戎，戎人进献了骊姬及少姬姐妹二人，她俩得到晋献公的宠幸。

晋献公的父亲不是公室宗族嫡系，凭借武力夺取了君位。他继位后，经常担惊受怕，寝食难安，唯恐宗族其他公子效仿晋武公的做法，夺取他的君位。于是，晋献公大开杀戒，诛杀了诸公子，宗族内部上演了一场血腥惨案。有公子逃到虢（guó）国，虢国接纳了逃奔的公子，晋、虢因此积怨，致使后来不久发生了“假途灭虢”事件。

晋献公几乎杀光了公室宗族的公子，为异姓私家（卿大夫）势力的不断壮大创造了条件。但是，真正导致晋国私家坐大的，是晋文公重耳的政治、军事改革。随着晋国国力的不断膨胀，晋文公对军事进行了改革，他将晋国的二军改为三军，即中军、上军、下军。后来又增设了新二军，变成了五军。晋文公重用那些曾经跟随他一起流亡的大臣，他们大多是异姓，如狐氏、先氏、郤（xì）氏、胥氏、栾氏、范氏、中行氏、智氏、韩氏、赵氏、魏氏等。这些世族轮番执掌晋国的军政大权，他们彼此之间争权夺利，互相斗争，到春秋后期，只剩下范氏、中行氏、智氏、韩氏、赵氏、魏氏六个最大的异姓世卿。

智伯灭而三晋之势成，三晋分而七国之形立。

——［清］马骕《左传事纬》

晋侯鸟尊

晋侯鸟尊出土于山西天马—曲村遗址的第一代晋侯燮父墓地，是山西博物院的镇馆之宝。

智伯膨胀，自取灭亡

晋定公时，晋国六卿之间内乱，范氏、中行氏被打败，逃到齐国，他们的土地被另外四卿瓜分。到晋出公时，晋国四卿中智氏（名瑶）执掌国政，国家大事全都操控于智伯之手，晋出公成为傀儡。智氏成为四卿中实力最强的一方，野心开始逐渐膨胀，他一心想要独吞晋国，自己当国君。

战国早期交龙纹鼎

为了实现独占晋国的野心，智伯想出了一个削弱三家实力的法子。他让三家各自献出部分土地城邑，用来充实军赋。如果他们同意的话，智伯就能得到更多的土地；如果谁不同意，就出兵攻打他，这样就能把他们各个击破。

战国早期镶嵌几何纹豆

智伯派人去通告三家，让他们割让土地城邑。使者先到韩康子（韩虎）处，韩康子本来不同意。但他听完谋士段规的一番利害分析之后，决定按智伯的要求献出土地城邑，以观其变。魏桓子（魏驹）看韩康子对这个无理要求竟没有抵制，与手下商议后也如法炮制，按要求如数献出了自己的土地城池。轮到赵襄子（赵无恤）时，因为智伯和赵襄子素有积怨，赵襄子拒绝了割让土地城池的要求。他愤怒地说："土地是先人的产业，哪能随意送与他人？"智伯此时欲望膨胀，越发骄狂，他见韩、魏两家乖乖割让土地城池，而赵襄子却拒绝了献地的请求，勃然大怒，就联合韩、魏两家，一起出兵攻打赵襄子。

赵襄子无力抵抗，只好听从大臣张孟谈的建议，退守到晋阳（今山西太原西南），据城抵抗自保。晋阳城十分坚固，在赵襄子之父赵简子的经营下粮食、武器充足，城里的居民也诚心依附。智、韩、魏三家的军队围困晋阳城，一年多也没有打下来。情急之下，智伯想出了一条计策：趁雨季挖开晋阳城旁汾水（今汾河）的堤岸，用水灌晋阳城。晋阳城里的军队和百姓就在水里来水里去，过得十分艰苦。据记载，当时城里的水有六尺深。战国时候的一尺大约相当于现在的20厘米，六尺就有一米多了，老百姓只好搬到树上居住，做饭都需要把锅灶吊起来。

城里有水，还没有太大问题，关键是缺粮。晋阳城里原本储备了大量的粮食，但一年多的围困让城里的粮食越来越少，已经有人因饥饿而死。形势对赵襄子越来越不利，他找来张孟谈商量对策。

赵襄子说："粮食快吃完了，我们已经到了山穷水尽的地步，我打算投降。"

张孟谈说："主公，今晚请放我出城，我来想办法退敌。"

赵襄子说："你有何良策？"

张孟谈说："智、韩、魏三家并非铁板一块，魏、韩两家是被迫的，我准备去向他们说明利害，动员他们反戈联赵，共同消灭智氏。"

春秋和战国的分期

关于春秋和战国的分期历来有不同的看法，通行观点一般是以周元王元年（前475年）为战国开始之年。另外，也有以三家灭智伯（前453年）为战国开端，韩、赵、魏成为事实上的诸侯。还有以周威烈王二十三年（前403年）周天子正式册封韩、赵、魏为诸侯的这一年作为战国的开端，司马光的《资治通鉴》就是从这一年开始记述的。战国时期的终结之年学界则无异议，以秦王政（即秦始皇）二十六年（前221年）统一中国为止。

晋国布币

布币是由古代农具镈（bó）演化而来的，"布"是"镈"的同音假借字。最初的布币还保留有镈的形状：空首可以纳柄，形状好似铲子，因此布币又称"铲币"。

赵襄子虽有疑虑，但到了这种境地，只能死马当作活马医。当天晚上，赵襄子偷偷将张孟谈放出城外，张孟谈秘密去见了韩康子和魏桓子。

一见面，张孟谈就展示出高超的谈判技巧，他对韩康子和魏桓子说："眼下赵家就像嘴唇，你们韩家和魏家就像牙齿，你们想想，嘴唇没了，牙齿还不冷得打战？"张孟谈的意思很明显，他告诉韩康子和魏桓子，智伯一旦消灭了赵家，接下来就会收拾韩、魏两家。这个道理，韩康子和魏桓子其实也明白，现在张孟谈帮他们挑明了，他们更加犹豫不决。

好巧不巧，第二天，智伯邀请韩康子和魏桓子一起查看水势。智伯指着一片汪洋的晋阳城得意地说："我才知道水的厉害呀，竟然可以让一个国家灭亡呢！"这时韩康子和魏桓子满脑子想的都是，自己的封地旁也有河，若是将来智伯也用水淹的方法攻打自己，可怎么办好啊！

回去之后，韩康子和魏桓子马上就偷偷联系赵襄子起兵造反了。他们里应外合，当天夜里派人扒开了汾水的堤岸，用水淹了智伯的军队。智伯此时还在睡梦中，惊醒之时，军营里一片混乱，周围已是一片汪洋。

这时，韩、魏两家的军队趁乱杀了过来，紧闭了很长时间的晋阳城门突然打开，赵襄子也带领军队杀了出来。智家的军队腹背受敌，毫无防备，已然成了瓮中之鳖。一向自负的智伯在乱军中被杀死，他的家族以叛乱的罪名被满门抄斩，他的地盘也被韩、赵、魏三家瓜分。

晋国公室此时仅剩下都城绛（今山西侯马西）等很小的地方，韩、赵、魏成为实际上的"诸侯"。早已无力控制诸侯的周王室，应三家的请求，于周威烈王二十三年（前403年），正式册封韩、赵、魏为诸侯。

（商国君 何昭旭）

战国早期羽翅纹壶

墨子倡导“兼爱”

墨翟创立了独特的墨家学派，他的学说在当时影响很大，与儒学并称“显学”。墨翟和墨家学派的思想文化蕴含于《墨子》一书之中。以“兼爱”为核心的墨家社会伦理思想，依然是现代社会追寻的目标之一。

墨子、墨家和《墨子》

墨子，名翟，是战国初期宋国人，常年居住在鲁国。他曾跟随儒家学者学习“六艺”等儒家典籍，后来因为不满意儒家学说，特别是儒家多如牛毛的“礼仪”，让他觉得十分繁琐，墨子索性脱离儒家学派，创立了自己的学说，在各地聚众讲学。大批的手工业者和下层士人开始追随墨子，并逐渐形成了墨家学派，他们将儒家作为批判、抨击的“靶子”，由此拉开了战国“百家争鸣”的序幕。

一般来说，一个学术派别就相当于一个松散的学术团体，信奉其学说宗旨，宣传、实践其理想追求的人，就可以被认为归属于某个学派，加入或退出也可以由每个人自由选择。但是，墨子创立的墨家学派却有别于其他学派，具有自身的独特之处，这与墨家所追求的理想或宗旨有直接关系。

墨子画像

战国青铜龙纹镜

墨家学派的独特之处，首先体现在对加入者的筛选上。并不是任何人都可以随意加入墨家学派的，想要加入墨家学派，须经过一定的考察，确定申请者对墨家学派的理想或宗旨有坚定的信念——“墨者”要做到“赴火蹈刃，死不旋踵”，才可以获准成为墨家成员。

其次，成为墨家门徒后，还要不断自我激励，“自苦自励”，“日夜不休，以自苦为极”，终生不懈。“墨者”的自律甚至是苛刻的，除去维持自身生活必要的“俸禄”，其余都要捐献给团体，当首领的更是要以身作则。这些收上来的“俸禄”，由团体统一使用，“兴天下之利，除天下之害”。

再次，墨家学派的成员可以凭借自己的能力或团体的推荐，去各诸侯国任职。但是，他们要让君王推行墨家的治世宗旨，若无法实现这一政

> **多才多艺的墨子**
>
> 墨子除了是一名伟大的思想家、哲学家外，还是一名了不起的科学家，他在逻辑学、力学、几何学、代数学、光学等方面，都做出了重大贡献。他建立了中国古代第一个逻辑学体系——墨家逻辑；他在《墨子》里精到地阐述了经典力学中力的概念和力矩的原理；还和他的学生一起做了世界上最早的小孔成像实验，了解到光是直线传播的。为纪念墨子在光学领域的突出贡献，我国将全球首颗量子科学实验卫星命名为“墨子号”。

治理想，则宁可辞去官职。

最后，墨家学派内部有严格的纪律、森严的等级，甚至有自己的“法”。墨子在世时，成员们绝对服从墨子；墨子去世后，要绝对服从“巨子”（墨家学派的首领）。关于墨家的严明纪律，还有个小故事。墨家巨子腹䵍（tūn）住在秦国，他的儿子杀了人，秦惠文王说：“先生的年岁大了，就这么一个儿子，寡人已经命令审判的官吏不要杀他了。”腹䵍回答说：“墨家的法规规定，杀人的人要处死，伤害人的人要受刑。这是用来禁绝随意杀人、伤人的，是天下的大义。大王虽然赐他不死，但我不能不遵守墨家的法令。”腹䵍大义凛然地处死了自己的儿子，这就是“腹䵍大义灭亲”的故事。

墨子的思想，主要保存在《墨子》一书中。根据班固《汉书·艺文志》的记载，《墨子》原有七十一篇，现仅存五十三篇。书里一部分内容是墨子的弟子记录的有关墨子的言行，主要反映了前期墨家的思想；还有一部分是后代门徒的著述。《墨子》内容丰富，除去墨子的思想主张外，还涵盖了政治、军事、哲学、逻辑学、物理学、几何学、光学等诸多领域，保留了古代科学技术的众多记载。

竭诚推行“兼爱”

墨子的社会伦理思想以“兼爱”为核心，其余的如“非攻”“尚贤”“尚同”“节葬”等观点，都是为“兼爱”服务的。兼爱，就是不分血缘亲疏、等级贵贱，无任何差别的爱。儒家讲“仁爱”，但它是有差等的爱，先“爱”有血缘关系的人，血缘关系又有远近亲疏的差别。墨子不满意儒家“爱有差等”的说法，反对儒家所强调的社会等级观念，提出“兼相爱，交相利”的理想人际关系和互利互惠原则。这是一种非常超前的思想，是一种美好的理想和信仰追求。墨子及其门徒尽力为人们做好事，功成不受赏，施恩不图报，行侠仗义，即使牺牲性命也在所不惜。“墨子救宋”的故事，就充分体现了这一点。

据《墨子·公输》篇记载，鲁班为楚王制造了云梯，这是一种攻城的器械，造成后楚王要用它去攻打宋国。墨子听到这个消息，非常着急。宋国已经衰弱不堪，根本不是强大的楚国的对手。墨子当时正在齐国，为了制止这场战争，他立即出发，走了十天十夜，才到达楚国的都城郢都（今湖北荆州北）。同时，为了防止意外，他又派弟子禽滑（gǔ）厘率领三百名墨家弟子，带着守城防御的器械，帮助宋国守卫城池。

墨子顾不上休息，立刻去见鲁班。鲁班说：“先生有什么话要吩咐在下吗？”墨子对他说：“北方有个人欺侮我，希望您能帮我杀掉他。我愿意献给您千金，作为杀人的报酬。”鲁班说：“我是一个崇尚仁义的人，绝不能平白无故去杀人。”

墨子听后赶紧站起身来，对着鲁班拜了两拜，说道：“请允许我说几句话。我在北方听说

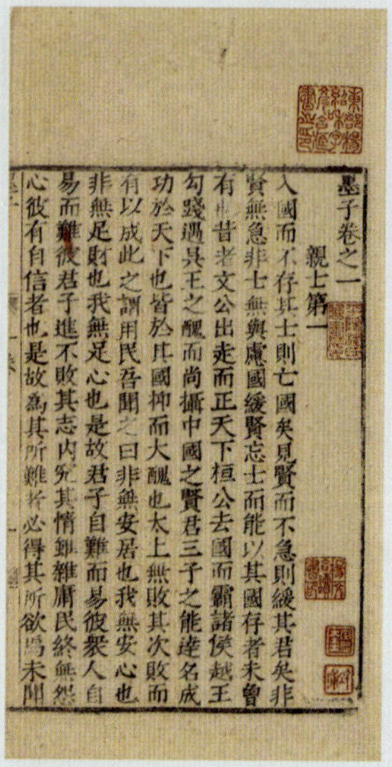
墨子卷之一
親士第一
入國而不存其士則亡國矣見賢而不急則緩其君矣非
賢無急非士無與慮國緩賢忘士而能以其國存者未曾
有也昔者文公出走而正天下桓公去國而霸諸侯越王
句踐遇吳王之醜而尚攝中國之賢君三子之能達名成
功於天下也皆於其國抑而大醜也太上無敗其次敗而
有以成此之謂用民吾聞之曰非無安居也我無安心也
非無足財也我無足心也是故君子自難而易彼衆人自
易而難彼君子進不敗其志內究其情雖雜庸民終無怨
心彼有自信者也是故爲其所難者必得其所欲焉未聞

《墨子》书影

这是明嘉靖三十一年（1552年）福建铜活字印本。

墨守成规

“墨守成规”这个成语就与墨子有关。墨子因善于守城防御，后来人们就将善守者称为“墨守”。最初这个词并没有贬义，后来慢慢演化为固执旧法、不知改变之意了。

您造了云梯，要帮助楚国去攻打宋国。宋国有什么罪呢？您嘴上说自己讲道义，不随便杀人，现在却要帮助楚国去攻打一个国家，还不知道会死多少人呢，这就是您坚持的道义吗？”

听了墨子的一席话，鲁班哑口无言，似乎被说服了。墨子问他：“既然这样，那么为什么不停止攻打宋国呢？”鲁班说：“不行，我已经答应楚王了。”墨子说：“不如您引我去朝见楚王吧！”鲁班无奈，只得答应了。

墨子见到楚王，跟他讲起一个人的故事来：“我遇到一个人，他自己有华丽的车子，却想去偷邻居的破车；自己有精美的丝织衣服，却想去偷邻居的粗布衣服；放着好饭好菜不吃，却想去偷邻居的糠糟。您说这人有什么毛病呢？”楚王笑着说：“那个人一定有偷窃的毛病吧。”墨子又说：“楚国的土地方圆五千里，宋国的土地只有方圆五百里，这就好比是华丽的车子和破车子；楚国有洞庭湖，物产丰富，各种珍奇天下最多，宋国却连野鸡、兔子、狐狸都没有，这就好比是山珍海味和粗茶淡饭；楚国有各种名贵的木材，宋国却连棵像样的大树都没有，这就好比是华美的衣服和粗布衣服。照这么看，大王若要派军队攻打宋国，就和前面那个人患了同样的病啊。”楚王说：“说得好！即便这样，鲁班已经替我制造了云梯，我一定要攻打宋国！”

墨子说：“有了云梯，也不一定能取得胜利吧！”楚王不服气，便召来鲁班，让两人比试一番。墨子解下衣带围成城墙的样子，用小木片当作守城的器械。鲁班运用巧妙的攻城武器组织起多次进攻，都被墨子用防御的武器抵挡住了。到了最后，鲁班的攻城器械用完了，墨子的防御方法还有很多呢。

鲁班不得不认输，他气呼呼地说：“我已经知道怎么对付你了，但我不说。”墨子也说：“我也知道你打算用什么方法对付我，你不过是想要杀死我。杀了我，就没人帮宋国守城了，攻下宋国轻而易举。可是，我的弟子禽滑厘等三百人此刻已经拿着我守城的器械，在宋国城墙上等待楚国的军队了。即使杀了我，也不能杀光守卫宋国的人。”楚王听罢，知道自己理屈，可能也无法快速攻下宋国城池，只得卖个空头人情，对墨子说：“好吧，我不去攻打宋国了。”

墨子通过自己的努力，化解了宋国可能面临的一场战争。可是，战国时期战乱频繁，像这样的征战，墨子和他的门人又能阻止多少呢？但墨子和他的门人却依然坚持“兼爱”“非攻”的信仰和理想，并努力去实践，这也正是他们的伟大之处。（商国君）

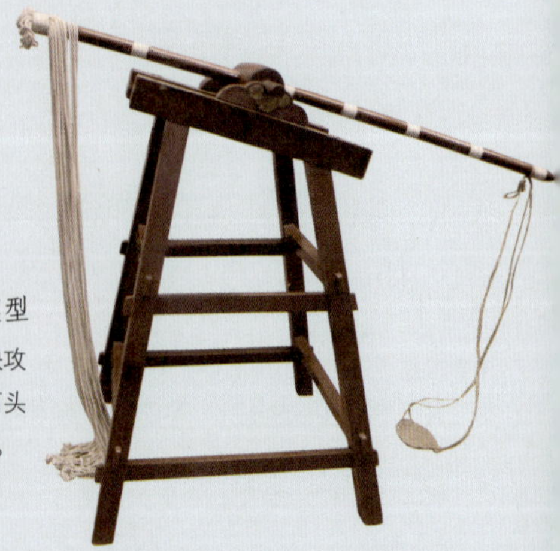

战国时期抛石机复原模型

抛石机是古人用来投掷石块攻城作战的重要武器，它用石头当炮弹，所以被称为“砲”。可能在春秋时就已使用。

战国错金银四龙四凤方案

这件方案出土于河北平山中山王墓，周身装饰错金银花纹，造型复杂，工艺精巧，整体造型动静结合，疏密得当，具有极高的史料和美术价值。

曾侯乙墓及编钟

湖北随县（今随州）擂鼓墩曾侯乙墓的发现、发掘，让一万五千多件文物重见天日，在我国考古史上书写下辉煌的一页。这一古墓的发现，让我们对扑朔迷离的曾国有了初步的了解，墓中出土的众多文物具有珍贵的价值，特别是其中的曾侯乙编钟，是迄今所见规模最大的编钟，成为我国音乐史和冶铸史上的空前发现。

虎口脱险的古墓

轰！随着一声巨响，烟雾、泥沙、碎石升腾而起。这一幕发生在1977年9月，湖北随县城西擂鼓墩的东团坡上。当地驻军为扩建营房，放炮施工平整山头。当人们用推土机推开被炸松的红色砂岩时，发现坡顶有一片土的颜色和质地与旁处不同，这一特殊的现象引起了厂长的注意。他是个考古爱好者，根据自己掌握的考古学知识，他判断这里很可能有一座古墓，因为“擂鼓墩”之名就来自历史传说。相传春秋时期楚国大臣斗椒叛乱，楚庄王率军追击到这里，亲自擂鼓，号令军队前进，“擂鼓墩”因此而得名。施工现场的这座小山包依山傍水，是一处风水宝地，古人丧葬很注意风水，如果在这里发现古墓也并不奇怪。

工厂立即停工，及时将此事向上级有关部门报告。第二年5月，湖北省考古专业人员赶到现场，当即进行了考古勘探，证明这里的确有一座大型古墓。根据考古惯例，这座古墓以出土地点“擂鼓墩”命名，称随县擂鼓墩1号墓。

曾侯乙墓主棺的外棺部分

曾侯乙大尊缶

这是迄今出土的最大的青铜酒器。

经过考古研究，随县擂鼓墩1号墓被确认为战国早期曾国君主乙的墓葬，简称曾侯乙墓。墓里出土的随葬品非常丰富，各类文物有15400多件，其中有精美的青铜礼器和用具140多件，种类有鼎、鬲、豆、壶、鉴、盘等；还有4700余件兵器，车舆和车马器1100多件；精美的乐器如编钟、编磬、鼓、瑟、笙等125件，其中以保存完好的曾侯乙编钟最为珍贵，其余像竹管排箫、十弦琴、五弦琴等都是首次在考古中发现；此外还有大量的漆木器、黄金器皿、玉饰品，等等。各类器物上大多有精美的图案和文字，通过对这些器物和文字的研究，解决了许多历史上的悬案。可以说，曾侯乙墓的发现和挖掘，对研究先秦史、军事史、古代礼制、丧葬制度等具有重要的意义。

扑朔迷离的曾国

曾侯乙墓的主人是曾国君主乙，在此之前，关于曾国的史料记载十分稀少，得益于曾侯乙墓的考古发掘、发现，特别是出土器物上的铭文，以及某些简牍文字的发现，我们对曾国有了轮廓式的大致认识。

曾侯乙编磬

编磬（qìng）也是种打击乐器，一般由木架上悬挂的大小、音调高低不同的石制或玉制磬组成。曾侯乙编磬是迄今所见规模最大的编磬。

史学家研究发现，曾国就是史书中记载的随国，在今天的湖北随州一带。曾国的始祖是西周初年的南宫适，他因功绩显赫而被周王分封到南方。这是西周王室经营南方策略的重要部分，曾国的建立实现了周王室对江汉地区的有效控制。曾国也是周王朝分封在汉水一带的姬姓诸侯国中实力最强的一个，《左传》里就有“汉东之国随为大”的记载。

曾国与楚国的关系十分微妙。西周时，曾国属于“汉阳诸姬”，是周王室的同姓封国，肩负着监视“蛮夷”楚国的使命。曾国曾参与过周昭王、周厉王等发动的对楚国的南征。

楚国在熊渠时代开始不断发展壮大，向四周扩张，逐渐有了争霸的实力。楚国要扩张，作为周王室桥头堡的曾国处境就很微妙了。这时的楚国国力已经远强于曾国，曾国周旋于周王室与楚国之间，在周王室和楚国的夹缝中小心翼翼地生存着，最后以换得楚王不征讨的承诺为条件，臣服于楚国。

春秋末年，吴王阖闾伐楚，攻占了楚国都城郢，楚昭王逃到曾国（随地）。曾国顶住了吴王的压力，把楚昭王藏了起来，吴国最后只能不了了之。曾国为保护楚昭王立下了大功劳，后来楚昭王复国，曾（随）国和楚国的关系更上一层楼，曾侯乙编钟就是这一时期两国交往的产物。

雄伟壮观的编钟

在曾侯乙墓的出土文物中，最为辉煌，堪称“国之瑰宝”的，要数庞大的乐器组合——编钟了。曾侯乙编钟是我国迄今发现的古代编钟中数量最多、规模最大、保存最好、音律最全、音域最广的一套乐器编钟。它按大小和音高为序编成八组，分别悬挂在三层满饰彩绘花纹的钟架上。

曾侯乙编钟下层的大型长枚甬钟与镈钟

八音

中国古代将乐器分为金、石、土、革、丝、木、匏（páo）、竹，共八类。钟、铃属于金类，磬等属于石类，埙、缶等属于土类，鼓属于革类，琴、瑟等属于丝类，柷（zhù）等属于木类，笙、竽等属于匏类，管、箫等属于竹类。

编钟的钟架为铜木结构，呈曲尺形，由六个佩剑的青铜武士和几根圆柱承托着。铜人着长袍，束着腰带，神情肃穆，是青铜人像中难得的佳作。以铜人作为钟座，编钟更显华贵。木质的横梁上有彩绘，横梁两端用雕饰着龙纹的青铜套加以固定。

编钟最上层三组十九件为钮钟，形体较小，上面有篆体铭文，但铭文字较少，只标注音名。中下两层是编钟的主体部分，都是甬钟，形制各异，其中下层的两组为大型甬钟，有长柄，钟体上装饰有浮雕式蟠虺（huǐ）纹，细密精致。钟上有错金铭文，除标明了编钟主人身份的“曾侯乙”等几个字外，都是关于音乐方面的内容。

在下层的甬钟中，有一件与众不同、自成一体的镈（bó）钟，悬挂在巨大的曲尺形钟架下层中间最显眼的位置。它形体硕大，钟钮上的纹饰为双龙对峙，姿势生动。镈钟中部镌刻有三十一字铭文，大意是说，楚惠王熊章得知曾侯乙去世的消息，专门为他制作了这件镈钟送去曾国，让曾侯永世享用。正是这段文字，让编钟的铸造年代以及曾侯乙墓的下葬年代有了具体可考的时间。

曾侯乙编钟的总重量在2500千克以上，其重量和体积在编钟中是罕见的。这套编钟是世界上最大的编钟，它能演奏从五声到七声的音阶旋律，并具有旋宫转调的功能，音色优美。仅靠这套编钟，就能奏出今天绝大部分的乐曲。另外，曾侯乙编钟的出土，使中国先秦乐钟的“一钟双音”终于被证实了。根据专家考证，楚国造的编钟，奏出的不是楚音，而是周朝的“华夏正声”，这说明楚国虽然地处南方，但在文化上仍然受到了周朝华夏文化的辐射。曾侯乙墓出土的编钟、编磬等大型礼乐重器，折射了华夏先祖创造的辉煌礼乐文明。（商国君）

曾侯乙编钟

《甘石星经》

月球上有十四座以中国人名字命名的环形山，其中有一座石申环形山。石申是谁？他为何会得到命名月球环形山的殊荣呢？

石申与甘德

天文学是历史最悠久的自然科学学科，战国时期的天文学家石申与甘德，留下了中国存世最古老的天文学著作，对后世影响极大。

石申和甘德大约生活在战国中期。石申是魏国人，著有八卷的天文著作《天文》，汉代以后《天文》被称为《石氏星经》。甘德的生平更模糊，有说他来自楚国、齐国或鲁国等不同说法。后人将石申的《天文》与甘德所著的《天文星占》以及商代天文学家巫咸的星图合并在一起，称作《甘石星经》。

《甘石星经》的内容绝大多数已经失传，仅有少量内容通过《郡斋读书志》《开元占经》等著作引用才保留下来。目前所见的《甘石星经》，已非石申和甘德的原著，一般被认为是唐、宋人所辑，但我们仍能从中了解到先秦时代中国古人杰出的天文学成就。

《甘石星经》的天文学成就

为了方便观察研究，天文学家将星体坐标等信息编制成目录，这就是星表。《甘石星经》是我国现存最早的星表。

石申和甘德各自编制了星表，其中石申的研究成果保留得较为完整，他记载了121颗恒星的赤道坐

月球勘测轨道飞行器拍摄的石申环形山

月球上的“中国人”

月球上的环形山，都是以世界著名的科学家和思想家的名字命名的，获得这一殊荣的中国学者，按历史顺序分别为：石申、蔡伦、张衡、裴秀、刘徽、祖冲之、毕昇、沈括、郭守敬、万户、徐光启、宋应星、高平子、张钰（yù）哲。

标。现代学者考察这些恒星的坐标，认为这些数据并不能完全和石申生活的年代相对应，推断其中的部分数据可能经过了后人的修改。后来，三国时期的天文学家陈卓综合石申、甘德和巫咸三家的著作，发展出我国古代三垣二十八宿的经典星官系统。

除了恒星坐标以外，《甘石星经》最突出的成就在于对天文现象的记载。

早在商代，古人就在甲骨上记载了许多天文现象。公元前14世纪的一片甲骨上，出现了“三焰食日”的记载，就是说在日食的时候，有三团火焰把太阳吃了。有学者认为，这可能是世界上最早的日珥或日冕记载。但是这条记载只是描述现象，并不明确。而《甘石星经》中则明确出现了关于日珥和日冕的记载。书中提到太阳的两旁各有一团短小的气状物，中间是赤色的，外围是青色的，称之为“珥”；太阳的上方有一团青赤色的气体，名字叫“冠”。今天，我们将这两者称为“日珥”和“日冕”。和甲骨文相比，《甘石星经》的描述较为准确，而且它给出了明确的定义，这是上述甲骨文的记载所不能比拟的。

《甘石星经》记载了金、木、水、火、土五大行星的运行情况，注意到了金星和火星的逆行现象，其中对木星和金星的观测准确性相当高。

《甘石星经》可能还记载了木星的卫星。木星是太阳系最大的行星，它有许多卫星，其中有几颗大卫星勉强可以被肉眼看到。《甘石星经》中有段内容提到了木星边上的“小赤星”，有学者推测，这可能是世界上最早的关于木星的大卫星的观测记载，比意大利科学家伽利略早了近两千年。

总之，作为我国最早的天文学著作，《甘石星经》虽然保存下来的内容不多，但其中许多内容都代表了当时世界天文领域的最高水平，对我国古代的天文研究产生了很大影响。后世许多天文学家在测量日、月、行星的位置和运行轨迹时都要用到《甘石星经》中的数据。（衣抚生）

日冕和日珥

日冕是太阳大气的最外层，日珥是太阳边缘的明亮突出物，在日全食的时候，人们在地球上可以通过肉眼观测到日冕和日珥。

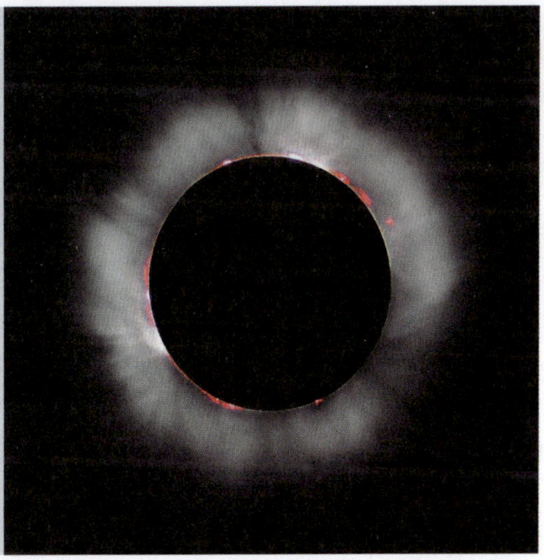
日冕和日珥

曾侯乙青铜尊盘

孙膑庞涓斗智

孙膑和庞涓都是战国时期的军事家，他们曾一起学习兵法，后来庞涓因为嫉妒孙膑的才能，设计陷害孙膑。经过桂陵之战和马陵之战的交锋较量，孙膑的谋略更胜一筹，庞涓兵败自刎。

庞涓嫉妒害孙膑

孙膑是战国时齐国阿（今山东阳谷东北）人，是著名军事家孙武的后代。相传，他曾经和庞涓一起跟随鬼谷子学习兵法。

时光匆匆，不知不觉几年过去了。孙膑和庞涓经过刻苦努力，在兵法方面已经学有所成。庞涓看到魏国在广招人才，待遇十分优厚，于是他决定前去魏国。庞涓到了魏国，见到魏惠王，他施展所学，应对得当，很快就受到魏惠王的赏识，被授予将军之职。随后不久，庞涓率领魏国军队东征西讨，四处攻伐，所向披靡，深得魏惠王的信任，成为魏军的主要将领。成功来得如此轻易，庞涓开始飘飘然，得意扬扬起来。

就这样又过了几年，有一天，一位墨者前来探望鬼谷子，得知孙膑兵法已经大成，于是将孙膑举荐给魏惠王。魏惠王得知孙膑是庞涓的师兄，就让庞涓邀请孙膑前来魏国。庞涓怕孙膑来了魏国会威胁到自己的地位，但他又不敢违背魏惠王的旨意，只好写了一封感情真挚的书信，派人前去邀请孙膑。孙膑见到信很高兴，便拜别了鬼谷子，下山来到魏国。

孙膑画像

庞涓虽然老大不高兴，但还是不得不领着孙膑拜见了魏王。孙膑见到魏惠王之后，应对自如，深得魏惠王的器重，被授予“客卿”之职。庞涓知道孙膑的才能远在自己之上，忐忑不安，于是，他想了一个恶毒的法子，决意除掉孙膑。

庞涓悄悄找人伪造了书信，陷害孙膑背叛魏国，暗中为齐国效力。他又假意在魏王面前极力劝谏，最终魏王将孙膑处以“膑刑”和“黥（qíng）刑”——挖去膝盖骨、脸上刺字。在古代，身体残缺、脸上又有刺字的人是不能再做官的，庞涓是想让孙膑从此埋没于民间，永无出头之日。

孙膑遭受到如此酷刑，内心愤愤不平。恰好这时有齐国的使者来到魏国，他秘密拜见了使者，得到了齐国使者的赏识。在齐国使者的帮助下，孙膑逃到了齐国。

陈纯釜

是战国时期齐国（田齐）用来征收赋税的标准计量器具，与子禾子釜、左关铆并称为“陈氏三量”。

田忌赛马显才华

田忌是齐国的公子，他十分欣赏孙膑的才华，将孙膑收在门下做门客。当时，齐国的王公贵族之间流行赛马，田忌经常与齐威王及齐国的公子们赛马，每次比赛还会以丰厚的奖金作为赌注。

> 凡兵之道四：曰阵，曰势，曰变，曰权。察此四者，所以破强敌，取猛将也。
>
> ——《孙膑兵法》

赛马时，大家把自己的马匹分为上、中、下三等，分别赛三场，最后以胜负的多寡来判定输赢。孙膑仔细观察了赛马的过程，发现大家的马都差不多，比赛的输赢有很大的偶然性。田忌也一样，经常是输多赢少。看到这里，孙膑胸有成竹地对田忌说道："我有法子能让您下次比赛一定赢。"田忌毫不怀疑，立刻高兴地去找齐威王相约比赛，并约定以千金为注。

到了比赛那天，双方来到赛马场，孙膑悄悄地对田忌说："第一场比赛，您用下等马对齐威王的上等马；等第二场比赛齐威王的中等马出场时，您用上等马跟他比；第三场您用中等马对他的下等马。这样我们保准能赢。"田忌依言而行。

第一场比赛开始了。当看到赛马场上自己的下等马渐渐落了下风，而齐威王和其他公子的上等马遥遥领先时，田忌不免有些着急。孙膑低声劝慰田忌说："下一场比赛，您一定能赢，别着急。"齐威王赢了第一场比赛，乐得合不拢嘴。他哈哈笑着命人将自己的中等马拉出了马厩，带到赛场上。

第二场比赛开始了。当齐威王和其他公子的中等马奋力奔跑时，只见田忌的上等马一马当先冲在前方，最终赢得了比赛。田忌见一切果然如孙膑预料的那样，顿时放下心来。不出所料，第三场比赛田忌的中等马赢了其他人的下等马。三场赛马，田忌以二胜一负赢得了比赛，他兴高采烈地赢走了齐威王的千金赌注。

比赛结束后，田忌带着孙膑去见齐威王，并告诉齐威王："臣能赢得比赛，并非臣的马有了进步，全因孙膑的妙计啊！"齐威王与孙膑交谈之后，对他的兵法和谋略赞赏不已，想马上授予孙膑将军之职。孙膑以自己还没有立任何功劳为理由，拒绝了齐威王。于是，齐威王让孙膑继续在田忌那里居住、休养。而田忌也更加敬重、信赖孙膑，将他作为上宾来对待，事事都和他商量。

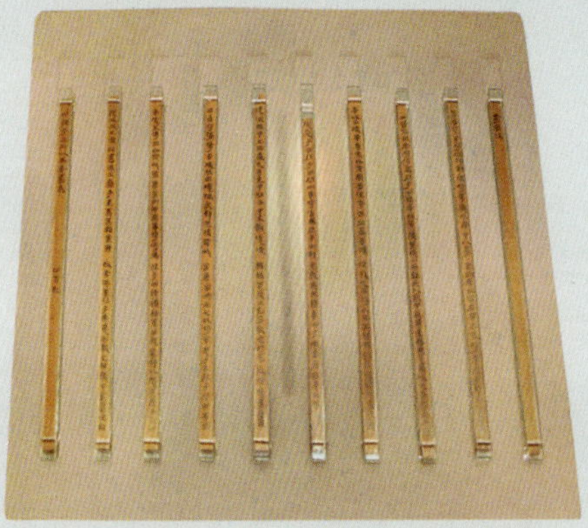

山东临沂银雀山汉墓出土的《孙膑兵法》竹简

人们一直对孙子和孙膑、《孙子兵法》和《孙膑兵法》的关系有许多疑问和争议，出土于山东临沂银雀山汉墓的《孙子兵法》和《孙膑兵法》，结束了数千年来的争论。

围魏救赵孙膑胜

周显王八年（前361年），魏惠王迁都大梁（今河南开封），以便进取中原，与齐国争霸。周显王十五年，赵国在齐国的支持下进攻卫国。卫国是魏国的盟友，赵国的这一举动令魏惠王感到了危险，他派庞涓率兵包围了赵国的首都邯郸（今河北邯郸），两军相持不下。第二年，赵国派使者向齐国求救。齐威王采纳了段干朋的建议，分兵两路，一路向南攻打襄陵（今河南睢县），以吸引魏军主力，令其疲于作战；一路由田忌、孙膑率领，等魏军攻破邯郸后再救援赵国。这样既救援了赵国，又同时削弱了魏、赵两国。

> 天时，地利，人和，三者不得，虽胜有殃。
>
> ——《孙膑兵法》

齐威王本想拜孙膑为将，但孙膑以自己遭受过酷刑、身体残疾为由拒绝了，于是齐威王任命田忌为主将、孙膑为军师，让孙膑坐在有帷盖的车里，给田忌出谋划策。此时，魏、赵两国相持已久，孙膑认为魏国长期攻打赵国，实力消耗在外，而国内防务空虚，应当采用声东击西的战术，率军直捣魏国都城大梁，迫使魏国从邯郸撤军。魏国一撤军，赵国自然就得救了。

田忌采纳了孙膑的计谋，他一面派出轻装战车，直趋大梁城郊，以激怒庞涓，迫使其率军回援；一面派出少数部队佯装与庞涓的部队交战，故意输给庞涓，使其轻敌。庞涓果然中计，他轻敌大意，以为齐军不堪一击。为了早日赶回大梁，庞涓下令丢掉辎重，以轻装急行军，昼夜兼程回救大梁。田忌和孙膑带领主力部队在魏军的必经之地桂陵（今河南长垣西北）设伏，一举击败了魏军，并活捉庞涓。这就是著名的“桂陵之战”。在这场战役中，孙膑创造了军事史上著名的“围魏救赵”的成功战例。

桂陵之战并没有击溃魏军的主力，魏、齐两国互有胜负，于是双方订立了和约，齐国也把庞涓送回了魏国。又过了几年，魏惠王派兵攻打韩国，韩国向齐国求救。齐威王这回依然“坐山观虎斗”，等魏、韩交兵，韩军五战皆败，魏军也疲惫不堪之后，才以田忌为主将，孙膑为军师，发兵救韩。

这一回，孙膑又上演了一次“围魏救赵”。在他的建议下，田忌等人率齐国军队直奔魏都大梁。魏国派太子申率军抵挡，庞涓也火速撤军回援。齐军知道韩国之围已经解除，就还师回齐，庞涓和魏太子申却紧追不舍。孙膑认真分析了战场形势，认为魏军勇猛彪悍，不宜与之正面决战。田忌采用了孙膑“减灶退兵”的计策，与魏军乍一接触就立即佯装战败，向后退兵。在撤军过程中，田忌第一天命人安营扎寨时挖下十万人煮饭用的灶，第二天则减少为五万人的灶，第三天又减少到仅三万人的灶，造成齐军逃兵日增、兵力不足的假象。

魏军向来瞧不起齐国人，觉得他们胆小怯懦。

庞涓看到齐军的炉灶每天都在急剧减少，求胜心切，果然又中计了。他命人抛弃辎重，亲自率领轻车锐骑急追齐军。当他们追至马陵（今山东莘县西南）山中时，已是半夜时分，只见道路两旁树木茂密，遮住了月光，山路又很狭窄。此时手下来报，前方道路被倒下的大树挡住了。庞涓气急败坏，连忙指挥人搬开障碍。突然，他发现路旁的一棵大树上隐隐约约刻着一些字。警觉的庞涓命人点起火把，想看个究竟。谁料，火把点燃后，庞涓一看，树上竟刻着“庞涓死于此树之下”几个大字，他此时方知中了孙膑的埋伏。庞涓正要下令撤兵，齐军的箭已经如雨点一般射来。庞涓知道大势已去，悲愤地大喊了一声：“竟然让这小子成就了名声！”随后挥剑自刎。

齐军乘胜追击，俘虏了魏太子申，全歼十万魏军。这就是著名的“马陵之战”。经此一战，魏国元气大伤，开始走下坡路，失去了独霸中原的能力。“马陵之战”也成为中国古代战争史上设伏歼敌的著名战例。（商国君）

商鞅变法

从“卫鞅”到“商鞅”，从“少好刑名之学”，到主持秦国变法，商鞅推行的新法一直影响着秦国乃至后来的秦朝，但商鞅最后却落得个身死车裂的结局。孰是孰非？历史自有公断。毋庸置疑的是，商鞅变法，为秦国的强大，以及将来一统六国，奠定了坚实的基础。

商鞅雕像

初入魏国，不受重用

就在齐威王励精图治，齐国渐渐强大起来的时候，西边的秦国也正在酝酿着一场变革。这一切，还要从商鞅说起。

商鞅本来叫卫鞅，他是卫国人，公孙氏，名鞅，因此也叫公孙鞅。他出身于卫国国君宗族旁支，从小就非常喜欢“刑名法术”的相关学问，法家前辈李悝（kuī，成功主持魏国变法）和吴起（协助李悝在魏国进行军事变法并主持楚国变法）对他的影响很大。商鞅曾经向《尸子》的作者尸佼学习“刑名法术”和“杂家”的各种知识，立志要做一番轰轰烈烈的事业，才不辜负为人一世。

当时商鞅所在的卫国国力衰败，夹在周围强大的诸侯国之间苟延残喘。满怀抱负的商鞅在卫国无法实现自己的理想和追求，于是就去了邻近的魏国，想要寻找能实现自己理想抱负的机遇。此时魏国的君主是魏惠王，公叔痤（cuó）任魏国相国。商鞅投到公叔痤门下，经过一番考察，公叔痤安排商鞅做了自己的中庶子（战国时君主、太子、相国的侍从之臣）。

公叔痤知道商鞅不但胸怀大志，而且很有才干，可他还没来得及向魏惠王推荐商鞅，就生了重病。魏惠王十分倚重公叔痤，亲自前去探病，对他说：“若您的病有什么不测，江山社稷该怎么办呢？”公叔痤回答说：“我的中庶子商鞅是个人才，他虽然年轻，但很有才能，能够代替我担任相国治理国家。”魏惠王听后默不作声。

魏惠王刚想离去，公叔痤屏退左右，对魏惠王说：“大王如果不任用商鞅，那就杀了他，一定不能让他离开魏国，否则会后患无穷！”魏惠王点头答应，出来后却对身边的大臣说：“公叔痤竟然病得这么重了，还向寡人推荐商鞅，让寡人在国事上一定要听商鞅的，这不是很荒谬吗？”

战国晚期镶嵌金银团花纹带流鼎

魏惠王离开后，公叔痤召

来商鞅，向他道歉说："今天大王询问我可以做相国的人，我推荐了你，看大王的表情应该是没有采纳我的举荐。我先尽忠君之礼，后尽人臣之责，对大王说如果不任用你，就应当把你杀死。大王同意了我的建议，你赶快离开魏国吧，不然可能会有杀身之祸。"商鞅说："魏王既然不采纳您的举荐任用我，又怎会采纳您的建议杀我呢？"不久，公叔痤就病死了。魏惠王早就把公叔痤的临终交代忘得一干二净，果然既没有起用商鞅，也没有杀商鞅。

入秦治国，崭露头角

公叔痤去世后，商鞅待在魏国无所事事。有一天，他听说秦孝公下令招募人才，想要像当年秦穆公那样做出一番伟业。于是，商鞅带着李悝的《法经》离开魏国，前往秦国去应聘。商鞅找到秦孝公的宠臣景监，通过他的举荐，见到了秦孝公。

商鞅一见到秦孝公，就对他大谈特谈起三皇五帝、圣人之道的"帝道"来，结果秦孝公听着听着竟然睡着了。事后，秦孝公责备景监举荐不当，说道："你举荐的这人十分狂妄，根本不堪重用！"景监回去后也怪商鞅所言不当。商鞅说："我没想到大王对帝道不感兴趣，求您再给我一次机会，我下次一定能令大王感兴趣。"

又过了几天，商鞅又来觐见秦孝公。这次他改以"王道"来游说秦孝公，讲了许多夏禹、商汤仁义治国的故事，结果还是不能让秦孝公满意。秦孝公又将景监数落了一顿，景监也埋怨商鞅。无奈，商鞅只好请求景监再找机会帮助他。

商鞅铍

这一次，商鞅已经非常清楚地知道秦孝公喜欢什么、需要什么了，他投其所好，对秦孝公大谈如何变法图强、富国强兵。秦孝公对此十分感兴趣，二人谈得很投入，完全沉浸在对未来美好的憧憬之中。

城门立木，树立威信

秦孝公和商鞅二人经过数日长谈，都觉得相见恨晚。秦孝公决定任用商鞅进行变法改革。但变法改革势必会触动某些人的既得利益，秦孝公有些忧虑，担心搞不好会招来天下人的非议。于是，他把大臣们召集到一起，让他们进行辩论。

以甘龙、杜挚等人为首的大臣站出来，各自说了一通应该因循守成、不宜变法的理由。商鞅驳斥二人说道："治理社会不只有一条道路，只要是有利于国家的，就不必沿袭过去的成法；如果有

李悝雕像

李悝

李悝是战国初期的政治家、法家学派的代表。他在魏文侯时担任相国，主持魏国变法，从而使魏国成为战国初期的强国。他的"重农"与"法治"相结合的思想，对后世的商鞅、韩非等人影响很大。李悝汇集了当时各国的法律，编成《法经》一书，是我国古代第一部比较完整的成文法典，但原文已佚。

利于民众，就不必再遵循旧礼。违反古道的不必都否定，因循旧礼的也不值得赞美。”商鞅的一席话，打消了秦孝公的顾虑，也让他坚定了变法改革的信心。于是他任命商鞅为左庶长，下令进行变法改革。

变法改革在任何时代都属于大事，如果失去民众的信任和支持，最终必然会失败。精通“刑名法术”的商鞅深知这个道理，他明白要想获得民众的支持，一定要取信于民，让民众了解变法改革给他们带来的好处。商鞅起草了变法改革的法令，但没有马上公布施行。他首先要做的事，就是取信于民，为新法的顺利实施奠定基础。

商鞅让手下人在都城的南门放了一根长约三丈（约六七米）的木头，然后贴出悬赏告示：如果有人能将这根木头扛到都城的北门，就赏十金。这笔赏金可是一笔不小的数目，大约相当于当时几十户人家一年的赋税。面对如此高额的赏金，大家都觉得有些不可思议：这根木头根本没多重，任何一个正常的成年男子都可以搬得动。这不是在开玩笑吧？根本没人相信这个悬赏会是真的，自然也就没人揭榜。商鞅看到这种状况，把赏金提高到五十金。众人听罢，一片哗然，但还是没有人上前去搬动木头。

这时，有人怂恿一个平时有些愣头愣脑的壮小伙儿去搬木头，起哄着将他推出来。这个小伙为了博得大家一笑，大声说：“我来就我来！”于是他揭下告示，一把扛起木头，穿城而过，朝着都城的北门快步走去。他的后面顿时呼啦啦地跟着一大群看热闹的人。不一会儿，这个小伙子就将木头扛到了都城北门。他放下木头之后，果然有人给他送上五十金的赏金。后面跟着的一群人个个露出了惊愕的神情。这事儿很快就传开了，大家都在说：“告示上怎么说，官府就怎么做，官府果然说话算话啊！”这就是商鞅“立木取信”的故事。

战国龙形玉佩

当时而立法，因事而制礼。

——《商君书》

战国时期秦国青铜铸币范

严厉举措，推行新法

商鞅通过“城门立木”树立了威信，随后他颁布了改革的法令内容：重农抑商，奖励耕织与垦荒；废除贵族世袭的特权，按军功大小授予爵位；法律上推行连坐。由于令行禁止，新法很快收到了预期的效果。可是变法的内容触犯了秦国旧贵族的利益，如果他们不去打仗立功，就不能做官世袭爵位，也不能享受一些特权，甚至不能为所欲为了。许多贵族一直暗中反对和抵触新法，就连太子也触犯了法律。有人就想趁机看热闹，看商鞅如何处理这个烫手的山芋。太子是嗣君，是未来的君主，不能对他用刑，于是，商鞅将惩处的对象转到太傅和老师身上——他们对太子负有教诲的职责，太子犯错，可不就是他们没有尽

汉代画像砖中描绘的秦国“废井田，开阡陌”的场景

作法自毙

这个成语故事与商鞅有关。商鞅变法得罪了很多人，秦惠文王继位后，有人诬告商鞅谋反，秦惠文王下令抓捕他。商鞅被迫出逃，他来到边关，想要找个旅馆投宿。旅馆的主人不知道他就是商君，因他没有身份证件而不肯收留他，说道：“商君制定的法律，没有身份证件的人是不能留宿的，若一旦被发现，我会因收留您而连坐的。”商鞅叹了一口气，说：“没想到我竟被自己制定的法律害到这个地步！”后来商鞅无处可逃，被迫起兵，失败后被杀。这个成语故事出自《史记·商君列传》，意思是自己立法反使自己受害，后来泛指自作自受。

商鞅戟

戟（jǐ）是中国古代的兵器，将戈、矛合为一体，既可直刺，又可横击。商鞅戟是商鞅任秦国大良造时监制的青铜兵器。

到职责，教导好太子吗？商鞅先是对太傅公子虔动了刑，后来公子虔再次触犯法律，又被施以劓（yì，割去鼻子）刑。太子的另一名老师公孙贾则被施以黥刑。大家看到连太子的老师都没能逃脱刑罚，从此再也不敢反对新法，于是商鞅的法令得以顺利实施。

经过“立信”“立威”之后，商鞅在秦国的变法改革畅行无阻。商鞅一共进行了两次变法改革，第一次是在周显王十三年（秦孝公六年，前356年）；第二次是在周显王十九年，此时商鞅已经升任主管军事的大良造。秦孝公将国都迁到咸阳（今陕西咸阳东北）之后，命商鞅进一步变法。商鞅推行县制，将乡邑合并为县；废除了井田制，准许土地买卖；按照丁男征收税赋，并规定一户若有两个丁男就必须分居；还制造了标准的度量衡器，统一了度量衡。

经过这两次变革，秦国迅速强大、富饶起来。

此时正好魏国在马陵之战中败给齐国，国力受损，商鞅向秦孝公进言，趁机率军进攻魏国。他使诈俘虏了魏军将领公子卬（áng），魏军大败，魏惠王被迫割让了部分河西之地以求和。商鞅立此大功，秦孝公封赐他商（今陕西丹凤西北）、於（wū，今河南西峡境）两地十五座城邑，号为“商君”。后来人们就称他为商鞅了，他的本名“卫鞅”反倒渐渐不为人知。

商鞅在秦国进行的变法改革，是战国时期各国变法改革中最彻底的，这也为秦灭六国、统一天下奠定了坚实的基础。但商鞅在推行新法时采用了非常严苛的酷刑，得罪了很多人，一时怨声四起。就连秦国的太子也因为自己的老师被处以刑罚而对商鞅怀恨在心。秦孝公去世后，太子继位，是为秦惠文王。保守派趁机反扑，怨恨商鞅的公子虔等人诬陷商鞅谋反，商鞅无奈真的“谋反”。最后商鞅战败而死，死后尸身也未能幸免，被运至咸阳车裂，全家被杀。

商鞅虽死，但是人亡法存。他推行的新法并没有被废除，而是一直影响着秦国，乃至后来的秦朝。商鞅是先秦法家的主要代表，以“重法”著称。现存的《商君书》(也称《商子》)，是商鞅及其后学的著作汇编，也是先秦法家学派的代表作之一。（商国君）

商鞅方升

也叫商鞅量。呈长方形，一侧有中空柄，其余三侧及底面皆刻有铭文。这件战国时期秦国的青铜量器是商鞅变法时为统一度量衡而监制的标准量器。升，是较为通行的容量单位，最早见于战国后期刻有铭文的量器和记容器物上。商鞅方升因其翔实的铭文、精密的制作和明确记录的容积而被认为是不可多得的国家级标准器，后来更成为秦始皇统一度量衡时的标准参照。商鞅方升是我国度量衡历史上具有标志性意义的重要文物，也是秦国变法和商鞅统一度量衡的最有力物证。

孟子拟圣而作

孟子立志效法孔子，他对孔子的学说既有继承，又有发展。孟子倡导以"人性善"为基础的"仁政"学说，他宣扬儒家学说，游说诸侯。他的学说对后世影响很大，被认为是孔子学说的继承者，有"亚圣"之称，后世常以"孔孟"并称。

效法孔子立志学

孟子名轲，是邹国（今山东邹城东南）人，他曾跟随孔子的孙子子思的门人学习，是战国时期儒家学派的代表。孟子的父亲很早就去世了，他的幼年和孔子有些类似，也是在母亲的教育下长大的。

孟子对孔子极为尊崇，他曾说过，从有人类以来，还没有比孔子更伟大的人。他从小就立志追随、学习、效法孔子。和孔子相似，孟子也曾游历诸国，辗转于齐、宋、滕、魏等国之间，和当时各个学派的士人相互学习交流，宣扬儒家学说，前后有二十多年的时间。

［清］康涛《孟母教子图》（局部）

《三字经》中"昔孟母，择邻处，子不学，断机杼"，颂扬了孟母的贤良伟大。图中孟母欲断机杼，孟子躬身受教，领会到了学习不可中断的道理。

讲学游历列国间

孟子生活的时代已经和孔子所处的春秋时期大不相同。春秋时期的统治者没那么尊重人才，以至于孔子一度落魄得像个丧家之犬；而在注重争夺人才的战国时期，孟子所到之处往往受到各国君主隆重的礼遇，出行的时候有数十辆马车、数百位随从，盛况空前。

但在孟子生活的年代，儒家学说一度遭受冲击和冷落。当时杨朱学派和墨家学说非常流行，势力遍布天下，深受世人拥戴，天下的言论不是出自杨朱一派，就是出自墨子一派。孟子痛斥杨朱和墨家的学说，认为他们都是异端邪说。他自称继承了大禹、周公、孔子三个圣人的事业，时常和他人争辩，驳斥杨朱和墨家的言论，传播儒家思想。

孟子无论到哪个诸侯国，都敢于畅所欲言，甚至将君主批评得"顾左右而言他"。令人遗憾的是，孟子虽然费尽九牛二虎之力，游历诸国二十余年，但他还是没能劝说各国诸侯施行"仁政"。

孟子画像

也难怪，战国是各国求生存、求发展的剧变时代，不是你死就是我活，每个诸侯国都想立竿见影地富国强兵。而施行道德教化的儒家不如变法图强的法家效果更直接，儒家学说受冷遇便再自然不过了。迫不得已，孟子晚年便回到家乡著书立说，不再出游了。

宣扬仁政传后世

孟子继承了孔子的“德治”思想，将其发展为“仁政”学说。他们二人的理论基础都是源于对人性的认识。

孔子强调“性相近也，习相远也”，认为人的先天禀赋都差不多，从自然属性上看，都是平等的。但是因为后天的认识和实践不同，彼此可能会相差十万八千里。因此要通过一些方式，让人性向好的方向转变。他的后继者孟子和荀子各自抓住人性论的一端，将其发扬光大。

孟子宣扬“人性善”，荀子宣扬“人性恶”。表面来看，二人的主张好像水火不容，其实是殊途同归。孟子宣扬人性善是为了“扬善抑恶”，荀子宣扬人性恶则是为了“抑恶扬善”，最终都是希望人性趋于善。历史上，孟子的“性善说”比荀子的“性恶说”更受欢迎，两者其实都是种假设，没有经过实践检验。

孟子认为，人一出生，就已经有了“善”的萌芽，每个人都有恻隐之心、羞恶之心、辞让之心、是非之心，这分别代表了人的仁爱、忠义、礼仪和智识，也就是仁、义、礼、智。人人都有“四心”的萌芽，这是施行仁政的基础。

孟子在前人认识的基础上，进一步发展了民本思想，提出了对后世影响深远的论断：“民为贵，社稷次之，君为轻。”他把人民看得最重，国家次之，君主再次之，因此提出了争取民心、尊贤任能的主张，强调只有施行仁政、摒除霸道，使人民生活安定，才能得到民心，达到天下太平、长治久安的境界。

孟子曾说，能够得到天下英才并教育他们，是最快乐的事。孟子晚年回到故乡后，依然从事教育和著述工作。他在家乡与弟子万章等人著书立说，将自己和弟子的政治、教育、哲学、伦理等思想写成《孟子》一书。《孟子》全书约3.5万字，宋代时，《孟子》被选为儒家经典“十三经”之一，它是我们研究先秦儒家思想的重要史料。孟子对儒家学说的传播和完善做出了巨大贡献，后人因此常以“孔孟”并称，尊孟子为“亚圣”。（商国君）

孟母三迁

孟子的母亲对教育非常重视，希望孩子长大后能成为有学问的人。小时候，孟子家住在坟墓附近，他经常在坟墓之间嬉戏玩耍。母亲见此情形，觉得此地不宜居住，于是带着孟子搬到市场附近。搬到市场附近后，孟子又模仿商人做买卖，母亲觉得这里也不适合居住，就把家搬到学宫附近。此后，孟子就模仿起儒生学习礼仪，母亲觉得，这正是适合居住的地方，就在这里长久居住下来。

为了孩子的成长，孟母不惜三次搬家，母亲的言传身教使孟子受益匪浅，这便是“孟母三迁”的故事。这个事例也说明，环境对人的影响是巨大的。

稷下学宫

战国时期齐国创建的稷下学宫，是世界上第一所官方创办、私家主持的高等学府，中国学术思想史上蔚为壮观的“百家争鸣”，就是以稷下学宫为中心展开的。学宫内名家云集，几乎容纳了当时诸子百家中的所有学派及其思想，形成了中国教育史和思想史上一道灿烂的风景线。

稷下学宫的创建与得名

齐国的开国君主吕尚是西周的开国大臣，因辅佐周武王灭商有功，被封于齐。因为吕尚是姜姓吕氏，所以他建立的齐国也称姜齐。齐国很快成为强国，春秋时期，齐桓公（姜姓，吕氏，名小白）曾一度成为春秋五霸之首。

周惠王五年（前672年），陈国发生内乱，公子完逃到齐国，成为齐国的大夫。后来，陈完由陈氏改为田氏，成为齐国田氏的始祖。田完的后代越来越强盛，田氏逐渐把持了齐国的国政。齐康公死后，姜齐后继无人，齐相田和取而代之，成为齐国君主，即齐太公。田氏政权仍沿用齐国名号，周安王也正式承认田氏为诸侯，史称“田氏代齐”。后人为了加以区别，就把此后的齐国称为“田齐”。

田齐的第四代国君是齐威王，他是田齐桓公（田午，与春秋五霸之首的姜齐桓公非同一人）的儿子。齐威王即位之初喜好声色，不理政事，常常通宵达旦地饮酒作乐。但齐威王骨子里是一位有雄心壮志的国君，“不鸣则已，一鸣惊人”就跟他有关。齐威王任命邹忌为相、田忌为将、孙膑为军师，并在邹忌、淳于髡的劝谏下决心改变齐国现状，变法改革，使齐国强大起来。著名的《邹忌讽齐王纳谏》一文，写的就是邹忌劝谏齐威王广开言路，最终使齐国重新走向强盛。稷下学宫的创建，就是齐威王改革图治的重大举

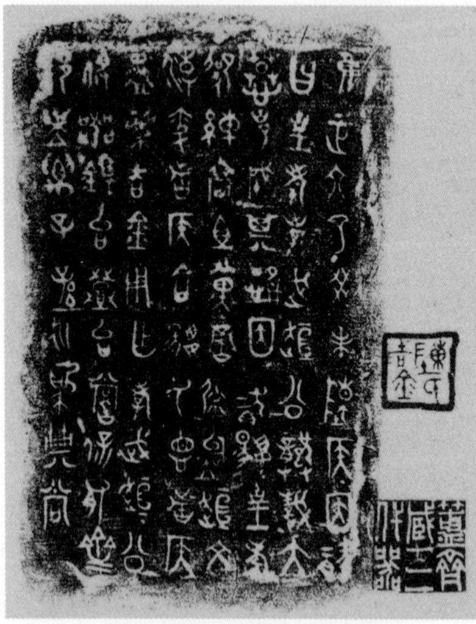

《陈侯因资敦》铭文拓片

敦（duì）是古代的一种食器，“陈侯”即“田侯”。田氏宗主“陈完”又作“田完”，上古音“陈”“田”同音，故《左传》“田氏”均作“陈氏”。出土器物有陈侯午敦、陈侯因資敦等，陈侯午即《史记》中的田齐桓公，陈侯因即齐威王田因齐。铭文说的是齐威王发扬其父传统，以黄帝为祖，继承了齐桓公、晋文公的霸业。图片来自《殷周金文集成》。

措之一。

“稷”是当时齐国国都临淄（今山东淄博临淄区）一处城门的名称。“稷下”即稷门（西边南首门）附近，因学宫创建于此，故得名“稷下学宫”。这与东汉的“鸿都门学”得名由来是一样的。稷下学宫是世界上第一所由官方创办、私家主持的特殊形式的高等学府，中国学术思想史上蔚为壮观的“百家争鸣”，就是以稷下学宫为中心展开的。稷下学宫的存在时间几乎与田齐政权相始终，历时约一百五十年，直到战国末年，秦军攻入临淄，齐国灭亡，稷下学宫才宣告结束。稷下学宫消亡后，稷下之学流散全国，影响依然深远。

稷下学宫创建的背景

凡历史上的重大改革与创举，一般都是由多种客观和主观原因共同促成的，稷下学宫的创建也是如此。

战国时期上层社会养士成风，为稷下学宫的创建提供了肥沃的土壤。魏文侯首开养士之风，此后更多国君相继尊贤养士，养士之风愈盛，齐桓公、齐威王、齐宣王、鲁穆公、秦昭王、燕昭王等人是其中的代表。而战国末期的“四公子”——信陵君魏无忌、平原君赵胜、春申君黄歇、孟尝君田文，则是贵族、卿相私人养士的典型代表。当时士的作用举足轻重，所养之“士”，包括学士、方士、策士、术士以及食客等。

养士者需要具有一定的政治地位，同时也需要雄厚的经济实力来提供支持。齐国自古农业发达，又具渔盐之利，实力雄厚。而田齐取代了姜齐，亟须借助学术思想对其政权的合法性进行辩护，以巩固统治。再加上齐威王实行开明的文教政策，最终促成了稷下学宫的创建及发展。

“一鸣惊人”的主人公

“一鸣惊人”的典故，早在春秋楚庄王时就已见端倪，《韩非子·喻老》篇里说他“飞必冲天”“鸣必惊人”。而正式以“一鸣惊人”四字成语的形式出现，则最早见于《史记·滑稽列传》，写的就是战国时期齐威王的故事，里面写到齐威王自信满满地说：“（此鸟）不飞则已，一飞冲天；不鸣则已，一鸣惊人。”所以，春秋时的楚庄王和战国时的齐威王都可以看作是成语“一鸣惊人”的主人公，只是楚庄王生活的时代更早，人们提及这个成语，更愿意把他当作故事的主人公。

稷下学宫复原场景

稷下学宫的规模与影响

鼎盛时期的稷下学宫，几乎容纳了当时诸子百家中的所有学派，道、儒、法、名、兵、农、阴阳等诸家无所不包，汇集天下贤士多达千人，其中著名的有孟轲、淳于髡、邹衍、田骈、慎到、申不害、接子、季真、环渊、彭蒙、尹文、田巴、兒说、鲁仲连、驺奭、荀况等。稷下学宫的学术环境宽松自由，凡入稷下学宫的文人、学者，不论学术派别、思想观点、政治倾向，也不论国别、年龄、资历，皆可发表自己的学术见解，稷下学宫成为当时各学派荟萃与思想交流的中心。学者们通过争辩与诘难，互相取长补短，实现了思想上的碰撞，形成了“百家争鸣”的局面。在此期间，大量学术著作也相继问世。除已经亡佚的《宋子》《田子》《蜗子》《捷子》等著作外，流传至今的《管子》《晏子春秋》《司马法》《周官》等书，也有稷下学者参与编撰。

齐国优礼学人，封著名学者为上大夫。齐宣王时，受上大夫称号的稷下学者多达76人。他们不但拥有爵位和俸养，还被允许“不治而议论”“不任职而论国事”，其中不乏善于将学术与政治结合起来游说国君的学者。从这个角度看，稷下学宫既是官办学术机构，又是政治顾问团，兼有学术和政治的双重性质。

当然，作为齐国的最高学府，培养人才、传播文化知识是稷下学宫的主要功能，所以，稷下学宫也被后人称为“田氏政权兴办的大学堂”“齐国的最高学府”，在中国教育史上影响巨大。学宫具备了后世大学的基本要素，既以教育功能为主体，又兼具学术研讨、争鸣以及为现实政治服务的功能。稷下学宫既不同于历史上的官学，也不同于孔子创办的私学，而是传承中有创新，官私结合，政教结合，大大提升了其为国家政治服务的内涵。稷下学宫相对于孔子私学的进步之处在于：变一人之教为众人之教，变一家之

最新考古发掘认定的稷下学宫遗址（位于山东淄博）

稷下学宫是由谁创建的

关于稷下学宫，有人认为是齐桓公田午创建的，依据是东汉徐幹（建安七子之一）的《中论·亡国篇》，其中说：“齐桓公立稷下之宫，设大夫之号，招致贤人而尊宠之。”但这种说法未必可靠，学者一般认为，该书中所说的“齐桓公”，很有可能是“齐威王”之笔误。

学为百家之学，变传授知识为主为面向现实与未来，变个体私学为私学教育联合实体。它为此前官私之学的发扬，做出了巨大贡献。

稷下学宫是战国诸子百家学术争鸣的重要阵地，它关注现实，明道救世，兼容并包，彰显个性，尊道贵德，礼法并重，对中华学术与文化发展产生了广泛而深远的影响，在促进中华文化繁荣兴盛的同时，也进一步丰富了中华民族的精神内涵。

三任学宫祭酒——荀卿

在稷下学宫众多的学者中，荀子是一位绕不过去的重要人物。

荀子是战国末期赵国人，名况，字卿，一说“卿”是当时人们对他的尊称。两汉时因避汉宣帝刘询名讳而称他为“孙卿”。荀子是战国时期著名的思想家、哲学家、教育家，儒家学派的代表人物，也是先秦时期百家争鸣的集大成者。

荀子曾三出三入于稷下学宫，历数十载，三次为祭酒（学宫之长）。他总结了百家争鸣的理论和自己的学术思想，批判地接受并创造性地发展了儒家正统的思想和理论。在他的长期主持下，有别于邹鲁儒学的学说最终成形。新学派主张“礼法并施”，提出了“制天命而用之”的人定胜天思想，以及厚今薄古的“法后王”学说。与孔、孟思想相比，荀子思想更具现实主义倾向。也正是由于这些原因，历代儒者大多冷遇荀子，把他排除在儒家道统之外。例如，宋儒程颐说他“才高学陋”“不见圣贤”，苏轼也说他“喜为异说而不让，敢为高论而不顾”。（杨加深）

荀子画像

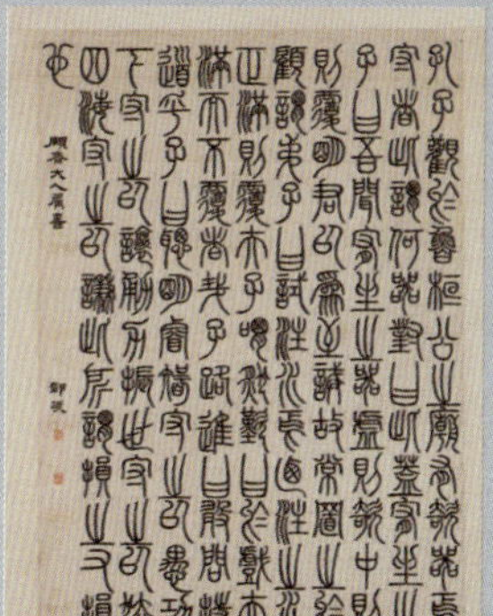

清代邓琰篆书《荀子》的内容

战国铜栖立人擎盘

扁鹊行医

根据《史记·扁鹊仓公列传》记载，扁鹊曾经给晋国的赵简子、虢国太子、齐桓公、秦武王治过病，被誉为当世神医。扁鹊的医术代表了春秋、战国时期的医疗水平，他奠定了我国传统中医学的基础理论，时至今日，望、闻、问、切，针灸、汤药等仍然是中医诊治的基本手段。

游医列国声名扬

相传扁鹊姓秦，名越人，生卒年不详。扁鹊本来是传说中黄帝时代的名医，因为秦越人医术高超，人们便用“扁鹊”来称呼他。

年轻时的扁鹊在一家客馆里当主管，后来，他跟随名医长桑君学医，尽得长桑君真传。此后，扁鹊潜心研究医术，数年之后，他的医术大有进步，于是开始在各国游历，治病救人。

扁鹊在游历的过程中，一边继续钻研中医方药，一边将理论与临床实践相结合，逐渐在中医诊断学的“四诊”——望、闻、问、切方面有所成就，在切脉诊断方面成就尤其突出。扁鹊游遍各地，所到之处需要哪科医生，他就去认真学习、钻研哪科的医理知识。慢慢地，他成为中国古代最早的也是最著名的全科医生。

扁鹊其人

《史记·扁鹊仓公列传》里记载的关于扁鹊治病救人的故事主要有诊疾赵简子、救治虢国太子、望诊齐桓公三则。根据学者考证，赵简子生活的年代与虢国存在的时间、田齐桓公在位的时间相差一两百年，因此这些病案可能并非出于一人之手，而“扁鹊”也并非某一个人，而是古代医术高明者的称号。

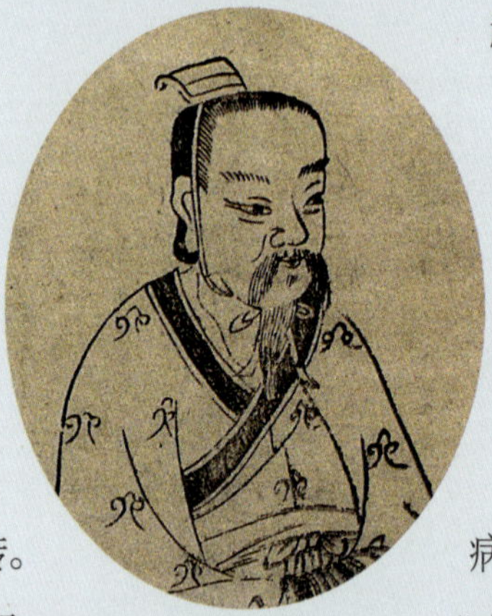

扁鹊画像

起死回生医术高

扁鹊游走各地行医，一次，他路过虢国，正碰上虢国太子刚刚“死”去。扁鹊来到虢国王宫门前，问一位喜好医术的侍从：“太子有什么病，他是怎么去世的？”侍从说：“太子的病是血气运行没有规律，造成内脏受损，突然昏倒而死。”扁鹊又问：“他什么时候发病的？”侍从回答道：“从鸡鸣到现在。”扁鹊继续问：“收殓了吗？”侍从说：“还没有，太子去世还不到半天呢。”

扁鹊对侍从说道：“请您禀告虢君，我是渤海郡的秦越人，家在鄚地，听说太子死了，我能使他复活。”侍从惊讶地说：“先生该不是胡说吧？太子怎么可能复活呢！”侍从根本不相信人能死而复生，扁鹊耐心地向他解释，告诉他太子得的是“尸厥（jué）症”。扁鹊说：“你试着再进去诊视太子，应该会听到他的耳朵有鸣响，再看看他的鼻翼，应该会翕动，下半截身子应该还是温热的。”

侍从听得目瞪口呆，他按扁鹊说的再进去诊视，太子的情况果然跟扁鹊说的一模一样。他赶紧请扁鹊进屋救治太子。扁鹊让徒弟子阳先对太子进行针灸，过了一会儿，太子就苏醒了。扁

> 蔡桓公与齐桓公
>
> “蔡桓公”这个称号源于《韩非子·喻老》中的一篇文章《扁鹊见蔡桓公》。这篇文章里所说的“蔡桓公”，据学者考证，应该是战国时期田氏代齐以后的第三位齐国君主，他本名田午，谥号（死后按谥法追加的或褒或贬的称号）为“桓公”（前375—前357年在位）。为区别于“春秋五霸”之一的齐桓公小白，这位本名田午的齐桓公被人们称为“田齐桓公”或“齐桓公午”。

鹊又开了一些药，给太子进行药敷。等太子能坐起来，扁鹊就开了汤药让太子服下。他根据太子病情的变化，对症下药，随症加减药量，仅用了二十多天，就让虢国太子恢复了健康。

扁鹊因此名扬天下，大家都认为扁鹊能起死回生。扁鹊却说：“我并不能使死人复活啊，虢国太子本来就活着，我能做的只是帮助他恢复健康罢了。”

扁鹊见齐桓公

经过多年的理论钻研和丰富的临床实践，扁鹊“神医”的声誉已经传遍天下。有一次，扁鹊游走行医来到齐国，因为他的名声实在太响亮，齐桓公以对待贵客的礼节招待了他。二人相见，彼此客套一番之后，扁鹊对齐桓公诚恳地说：“君主您已经身染疾病，不过现在还只是肌肤纹理间有些小病，若是不及早医治，恐怕会逐渐加重。”齐桓公很不高兴地回答说：“寡人感觉好好的，哪来的病啊！”扁鹊离开后，齐桓公对左右的大臣说：“医者总是喜欢给没病的人治‘病’，以此来显示自己的本领。”

过了些日子，扁鹊有些不放心，再次去觐见齐桓公。默默观察了他的情况后，扁鹊对他说：“您的病现在已经发展到血脉里了，若不及时医治，恐怕会进一步加重。”齐桓公听罢，依旧回答说：“寡人没有病。”他很不高兴地让扁鹊离开了。

又过了一段时间，扁鹊还是不放心，他再一次去觐见齐桓公。扁鹊见到齐桓公，对他说：“您的病现在已经发展到肠胃里了，再不及时治疗，恐怕会更加严重。”齐桓公依然没有理睬。

又过了几天，扁鹊远远地看见齐桓公，转身就迅速走开了。齐桓公看到扁鹊有意躲开自己，派人去询问他。扁鹊对来人说：“疾病如果在皮肤纹理之间，利用汤药催汗，就可以轻松达到治疗目的；疾病

东汉画像石《扁鹊行针图》

如果在血脉里，用针灸就可以治好；疾病如果发展到肠胃里，用药酒和汤药就可以治好；疾病若是发展到骨髓里，就是老天爷也无可奈何了。现在君主的病已经深入到骨髓里，我也无法为他治疗了。”

五天后，齐桓公突然身体剧烈疼痛，他赶紧派人去寻找扁鹊。可是，扁鹊早已经逃到秦国去了。又过了一段时间，齐桓公竟然病死了。

扁鹊在秦国时还治好了秦武王的腰疾，秦武王想让扁鹊当太医令，但遭到了原太医令李醯（xī）的嫉恨。李醯派人刺杀了扁鹊。可怜一代中医学巨匠，就此去世。

据班固《汉书·艺文志》记载，扁鹊曾著有《扁鹊内经》《外经》，但均已散佚。现在传世的《难经》，书上题为秦越人撰，主要讨论的是脉理问题。

（商国君）

庄子逍遥自得

庄子继承并发展了老子的思想，试图冲破世俗条条框框对人性的束缚，达到返璞归真、适意而行、逍遥自得的境界。他是先秦道家的代表人物之一，后世常以“老庄”并称。

庄子和《庄子》

除了儒家和法家，道家也是战国时期比较有影响力的思想流派。出生在宋国蒙（今河南商丘东北）的庄子是战国时期道家思想的代表人物。

庄子名周，他出身贫寒，曾以做草鞋为生，还在蒙地做过几年漆园吏。但庄子对做官没什么兴趣，后来就辞官不做了。他知识广博，无所不学，不过究其根本，他是老子思想的继承者，所以后世以“老庄”并称二人。

庄子的著述被后人编入《庄子》一书，这部书大约完成于战国末期。根据《汉书·艺文志》记载，《庄子》共计五十二篇，不过现存的版本只有三十三篇，分为内篇、外篇、杂篇三部分。关于这三部分的确切作者，学者们历来各有主张。一般认为，内篇的七篇文章为庄子自著，而外篇和杂篇可能掺杂有他的门人和后学者的作品。

［明］陆治《幽居乐事图·梦蝶》

名家

名家是诸子百家之一，以擅长辩论而闻名，也称“辩者”“刑名家”。按照今天的说法，名家大致相当于逻辑学家，代表人物有惠施、公孙龙等。惠施和庄子是一对好辩友，惠施总是辩不过庄子。但在惠施死后，连一向看淡生死的庄子都感到很失落，因为能和自己辩论争鸣的好搭档不在了。

将《庄子》现存的三十三篇合在一起，可以看出庄子广闻博学、无所不包的思想特点。尤其是最后的《天下》篇，阐述了先秦各个学派的中心思想及活动情况，并列举了重要的代表人物，被誉为我国学术史的开山之作。大概也只有庄子这样博学超脱的学者，才能如此精准地概括当时的诸多学派。庄子喜欢用寓言故事来写作，他的文章汪洋恣肆，语言优美，充满天马行空的想象，《庄子》一书也是中国文学史上的又一座高峰。

逍遥自得的庄子

庄子为人乐观豁达，逍遥自得。他有一个好朋友叫惠施，是战国时期有名的辩论家，也是名家学派的代表人物。

庄子四处游学，正好到了魏国，想顺便去看望在魏国当相国的惠施。可是庄子万万没有想到，老朋友惠施却误解了他的一番好意。惠施知道庄子才学渊博，能力超群，怕他一旦见到魏王，会得到魏王的赏识，取代自己的相位。惠施紧张得不得了，派人在魏国国都四处搜寻庄子，想阻止庄子见魏惠王。

庄子见到惠施后，就给他讲了一个故事："南方有种叫鹓雏（yuān chú）的鸟。它从南海飞到北海，一路上遇不到梧桐树就不肯停歇，找不到竹实（竹子的果实）就不肯进食，寻不到甘泉就不肯喝水。这时，它看见一只猫头鹰，正在吃一只腐烂的老鼠。猫头鹰看到鹓雏飞过，哇啦哇啦地怪叫，警告鹓雏不要来抢它的死老鼠。可是鹓雏又怎么会对死老鼠感兴趣呢？"

惠施听了庄子讲的故事，羞愧难当，脸唰地一下变得通红。

庄子后来又游历到楚国。楚威王听闻庄子贤能多才，就派人重金聘请他，让他做楚国的令尹（相国）。使者赶来时，庄子正在钓鱼，他头也不回地说："我听说楚国有只神龟，活了足足有三千年，楚王把它用绸缎包起来，供奉在宗庙里。请您问问大王，对于那只神龟来说，它是愿意死后被人高高供着呢，还是愿意活着在烂泥地里摇尾巴呢?”庄子就这样拒绝了楚相之位。

庄子不愿去做官，因为当了官以后，就要处心积虑地顺从统治者，这样会让人失去自由和自然的本性。庄子不为功名利禄，逍遥自在地四处游学，宣扬自己的观点。

日出而作，日入而息，逍遥于天地之间，而心意自得。

——《庄子》

庄子与道家思想

和老子一样，庄子认为人应该顺应自然，这个自然就是天地万物的发展规律，也就是“道”。和道相对的，是“人”，也就是人工的，和自然背离的一切。他主张顺从天道，摒弃刻意而为的“人为”和人性中不纯净的杂质。和老子不同的是，庄子认为“道”无处不在，存在于世间万物中，它是绝对永恒的存在。和“道”比起来，世间万物都无足轻重，没有什么本质差别。

庄子追求自由，在他看来，真正的自由是不依赖于任何条件的。这要通过“坐忘”和“心斋”——忘却外部世界，甚至忘掉自己，并且保持纯净的心灵不受外物玷污，才能实现。达到这样的状态，人就能够进入自然无为、天人合一的最高境界。

在庄子看来，真正的生活是自然而然的，该怎样就怎样。人活在世上要旷达，对所谓富贵、名利、生死，全都要泰然处之。甚至在自己的妻子去世后，庄子也没有像一般人那样哭哭啼啼，而是敲着瓦盆唱了一曲歌颂妻子的歌。

庄子和他的《庄子》是先秦思想和文学的宝库，对我国后来的哲学、艺术、宗教都产生了深远影响。庄子在我国思想史、文学史、艺术史、美学史上都占有极其重要的地位，像他这样既是大思想家，又是大文豪的哲人，在我国古代简直是屈指可数。（商国君）

庄周梦蝶

《庄子·齐物论》中有这么一个故事。一天，庄子睡觉时做了个梦，梦到自己变成了一只蝴蝶。蝴蝶翩翩飞舞，四处游荡，逍遥自得，好不快活，甚至忘记了自己原本是由庄子变来的。忽然间，庄子惊醒过来，看看四周，不禁疑惑:“到底是庄子在梦中变成了蝴蝶，还是蝴蝶在梦中变成了庄子?”庄子借由这一梦境的感受来表达自己的观点，他认为自然万物能够相互转化。

合纵连横

商鞅变法后的秦国越来越强大，东方六国都无力单独抗秦，局势变得错综复杂。各诸侯国纷纷通过外交手段，进行了一系列变化无常的结约活动。苏秦等人倡议六国联合抗秦，称为“合纵”；秦国采纳张仪的谋略，联合一国或数国帮助秦国攻打其他弱国，叫作“连横”。“合纵连横”搅得战国后期风起云涌。

苏秦头悬梁，锥刺股

苏秦是战国后期东周洛阳人，相传他曾经跟随当时的隐世高人鬼谷子学习。经过几年的努力，他觉得自己已经学有所成，于是拜别鬼谷子，去各国游历，想要发挥自己的才能。

苏秦下山后，雄心勃勃地奔走四方，到处游说诸侯，希望获得一展才华的机会。可他四处碰壁，一无所获，时间一长，身上的盘缠所剩无几，只得潦倒地返回家乡。回家之路漫长，苏秦穿着草鞋，缠着绑腿，背着书囊，形容枯槁，狼狈不堪。回到家后，父母、哥嫂、妻子、孩子全都不待见他，亲戚朋友也嘲笑他说：“我们周人的习俗，要么从事生产劳动，要么从商。可你倒好，抛弃了本行而逞口舌之利，结果如何？真是不识世相啊！”一番话，直说得苏秦无地自容，羞愤难当。

于是苏秦下决心发愤图强，希望能东山再起。他闭门不出，开始博览群书。苏秦读书十分刻苦，不敢有丝毫懈怠。相传，为了防止读书时因困倦睡着，他想出了“头悬梁，锥刺股”的办法——在横梁上悬挂一根绳子，把自己的头发系在绳子上，一旦趴下睡觉，头皮就会被扯痛；实在困得不行了，就拿锥子刺自己的大腿，以驱赶困意。经过一年多的昼夜苦读，苏秦觉得自己已经领悟了书中的真义，他决定再出去闯荡一番。

［明］谢时臣《四杰四景图·妻不下机》

画中表现的是苏秦学成后周游列国却一事无成，落魄回家时，妻子正在织机上织布，见丈夫回来也不下来相见，家里人都不屑跟他说话。深受刺激的苏秦从此悬梁刺股，发奋读书，终于成就一番伟业。

“合纵”共抗强秦

近水楼台先得月，苏秦首先想到洛阳的东周王室去试一试。结果，周显王手下的人都认识苏秦，觉得他并不可靠，因此，苏秦根本就没机会见到周显王。

苏秦仔细分析了当时各诸侯国的形势，认为秦国最强大。如果能够游说秦王东西“连横”成功，自己就可以建立不世之功。主意既定，他满怀信心地前往秦国。

苏秦到了秦国后，想方设法寻找机会求见秦惠文王。但此时秦惠文王刚刚即位，又处死了商鞅，内心十分厌恶“游说之士”，于是便婉言谢绝了苏秦的建议。此后，苏秦又多次求见，都没有得到秦惠文王的召见。苏秦又托人给秦惠文王上书，一连写了十几次，都是泥牛入海，毫无回音。

于是，苏秦继续向东行，前往赵、燕、韩、魏、齐、楚六国进行游说，宣扬“合纵”抗秦的策略。此时的战国“七雄”，秦国逐渐“一枝独秀”，鹤立鸡群，在兼并战争中渐渐占据主动权，东方六国已经没有谁能够和秦国单打独斗。为了生存自保，在苏秦的游说下，东方六国组成了一个松散的政治联盟，准备随时共同抵御强秦。苏秦则被推举为“纵约长”，腰佩六国相印，可谓大获成功。苏秦把合纵盟约送到秦国，面对东方六国的团结一致，秦国一时之间难以找到破解良方，不敢再贸然东进，东方六国也因此获得了些许喘息的宝贵时间。

张仪的三寸不烂之舌

张仪原本是魏国人，他从小读了很多书，学了一套纵横家的本事。学成之后，张仪就四处游说诸侯。他先来到楚国，做了楚相的门客。有一天，楚相在家中设宴，高朋满座，宾主觥筹交错，十分热闹。楚相也喝了很多酒，也许是酒后糊涂，楚相突然发现自己心爱的玉璧不见了。楚相家的下人都怀疑是张仪偷了璧，因为张仪并不富裕，平日里看起来就不像个好人。于是楚相命人把张仪绑了起来，狠狠地用鞭子抽打他。

其实张仪压根就没有偷玉璧，他咬紧牙关，就是不承认自己偷了玉。楚相无奈，只好放了张仪。张仪拖着伤痕累累的身体，艰难地回了家。他的妻子气愤地说：“要不是你四处游说，又怎会受到这种屈辱？”张仪以自嘲的口吻对妻子说：“你瞧瞧我的舌头还在吗？”妻子被他逗笑了，打趣地说：“三寸不烂之舌，还好端端的呢。”张仪坚毅地说：“只要舌头还在，足矣！”

战国时期楚国货币金版

苏秦行使反间计

1973年在长沙马王堆汉墓出土的帛书，经过整理后，其中一部被定名为《战国纵横家书》，里面有许多关于苏秦的记载，与《史记》内容不符。根据考据，苏秦生活的年代当晚于张仪（《史记》中记载两人为同时代人）。大约在燕昭王时，苏秦自周国前往燕国，得到了燕昭王的重用。苏秦不但为燕昭王出谋划策，还主动请缨前往齐国行使反间计，助齐攻宋，借此来削弱齐国的实力。他骗取了齐湣王的信任，被齐湣王任命为相国，但他始终效忠于燕王，离间齐、赵关系。最后，苏秦因间谍身份暴露而被处以车裂之刑，这在战国晚期是一起轰动一时的事件。

战国时期楚国货币金版

金版是战国时期流通于楚国的黄金货币，在使用过程中需要切割、称重，因此也被称为称量货币。金版上多带有钤（qián）刻文字，有“郢爰”“陈爰”“专爰”“专锊（lüè）”等内容印记，其中“爰”“锊”为货币单位，“郢”“陈”“专”等则表示地名。

“连横”瓦解“合纵”

楚国曾数度被推举为东方六国的合纵纵约长，为了拆散这个联盟，张仪毅然选择为秦国出谋划策。张仪来到秦国，见到秦惠文王，向他宣扬“连横”以瓦解六国“合纵”的策略。秦惠文王已经知晓东方六国形成了“合纵”联盟，如果不能有效地瓦解这个联盟，就无法将东方六国各个击破，秦国向东扩张的进程就会受到阻碍。因此，秦惠文王欣然采纳了张仪的策略。不久，他就任命张仪为相国，全面主持秦国军政大事，开始实施“连横”的策略。

在执政期间，张仪迫使魏国献出了上郡（治今陕西榆林东南），并帮助秦惠文王称王。当时，秦国想举兵伐齐，但又担心楚国派兵救援。于是，秦惠文王便放出风声，说已罢免了张仪的秦相之位，任命他为外交使节出使楚国。其实这是秦惠文王与张仪合谋上演的一出双簧戏，目的是拆散齐楚联盟。张仪南下面见楚怀王，以六百里商於（wū）之地诱骗楚怀王与齐国绝交。贪利的楚怀王果然受骗上当，结果他不但没有拿到那六百里的秦国土地，反而断绝了与齐国的联盟。

恼羞成怒的楚怀王让将军屈匄（gài）统率大军，北上攻打秦国。秦军、齐军联合攻楚，楚军大败，将军屈匄阵亡，汉中（汉江中游地区）之地尽数落入敌手。楚国被迫割让两城，与秦国讲和。

战国中期漆木虎

巧施妙计自救

周赧王四年（前311年），秦国遣使至楚，表示愿意与楚国修好，并要求楚国以黔中之地来交换。仍在气头上的楚怀王说："寡人只愿得到张仪，黔中之地可奉上。"张仪见事已至此，便自告奋勇前往楚国。

到了楚国后，楚怀王马上下令囚禁张仪，准备找个日子处死他。张仪早就用重金买通了楚王宠信的大臣靳尚，靳尚又去求楚怀王的宠妃郑袖帮忙。郑袖日夜缠着楚怀王，不停地哭闹，又替张仪说好话："大王若杀了张仪，惹怒了秦王，秦军攻打过来，我们母子可怎么活呀？"楚怀王禁不住郑袖的软磨硬泡，又怕秦王报复，竟然下令释放张仪。此时屈原刚好从齐国出使归来，他极力劝谏楚怀王："为什么不杀了张仪？"楚怀王后悔了，派人去追张仪，但已经追不上了。

这一年，秦惠文王死了，秦武王继位。秦武王素来很讨厌张仪，张仪见在秦国无法立足，于是便回了家乡魏国。一年后，张仪带着他的"三寸不烂之舌"离开了人世。

"合纵"与"连横"这两种战国后期的外交、军事策略，各有利弊。东方六国的"合纵"，曾一度遏制了秦国向东发展的步伐，使六国获得了喘息、发展的时机。但因为他们有利益上的冲突、矛盾，又各自为政，在对秦统一行动中不能齐心协力，"合纵"最后功败垂成。相对来说，秦国的"连横"较为成功地瓦解了"合纵"联盟。加之此后秦国有效地运用"远交近攻"的策略，将东方六国逐一吞并，最终统一了天下。（商国君）

凤鸟形双联漆杯

前倨后恭

苏秦成功游说六国合纵，身佩六国相印。当他途经家乡时，他的家人都匍匐在地，不敢仰视他。他笑着对曾经讥讽过他的嫂嫂说："您之前傲慢待我，如今为何如此恭敬呢？"他的嫂嫂不敢抬头，恭恭敬敬地回答道："因为您现在地位高贵而富有啊！"苏秦叹了口气，说道："同样一个人，富贵时连亲戚也畏惧他，贫贱时连亲戚也瞧不起他，这就是人情世故啊！若我当初守着洛阳城外那两顷良田，又怎会有如今的成就呢？"后来，人们就用"前倨后恭"来形容对人的态度的改变，常含有贬义。

屈原与《离骚》

屈原是中国历史上一位伟大的爱国诗人，传说端午节吃粽子的习俗就是为了纪念屈原。我们纪念屈原，不仅因为他留下了《离骚》等华彩烂漫的诗篇，更是因为他忧国忧民、不与小人同流合污的高尚人格。

初登政坛

屈原的先祖公子瑕在春秋初期被楚武王封于屈地，所以他的后人便以“屈”为氏。到了屈原父亲这一代，屈氏家族在楚国公室中的地位已经大大下降，但屈氏与景氏、昭氏仍然是楚国公族中最显贵的三个家族。

屈原年少时被父亲和家族寄予厚望，受到良好的文化教育。屈原也非常争气，他才华横溢，善于作诗写文章，口才也很好。楚怀王非常欣赏屈原的才华，任命他为“左徒”。左徒是楚国的重要官职，不仅负责接待各国使节，还能参与商定国家大政方针，替楚王发布号令。楚怀王任命屈原为左徒，可见对他十分信任。

此时的楚国虽然是“战国七雄”之一，还维持着大国的雄威，但实际上楚国内部潜藏着重大危机：楚国的各级官僚一直由世袭贵族轮流担任，有才者郁郁不得志，而无能者却身居高位，国家政治逐渐走向腐朽。相反，秦国经过商鞅变法后日益强大，野心勃勃，不断侵蚀他国领土，已然成为对楚国威胁最大的强国。

屈原看到了这些问题，便劝谏楚怀王变法图强。在屈原的极力主张下，楚怀王最终下诏变法，并让屈原负责制定方案。

路漫漫其修远兮，吾将上下而求索。

——《离骚》

[元]张渥《九歌图》(局部)

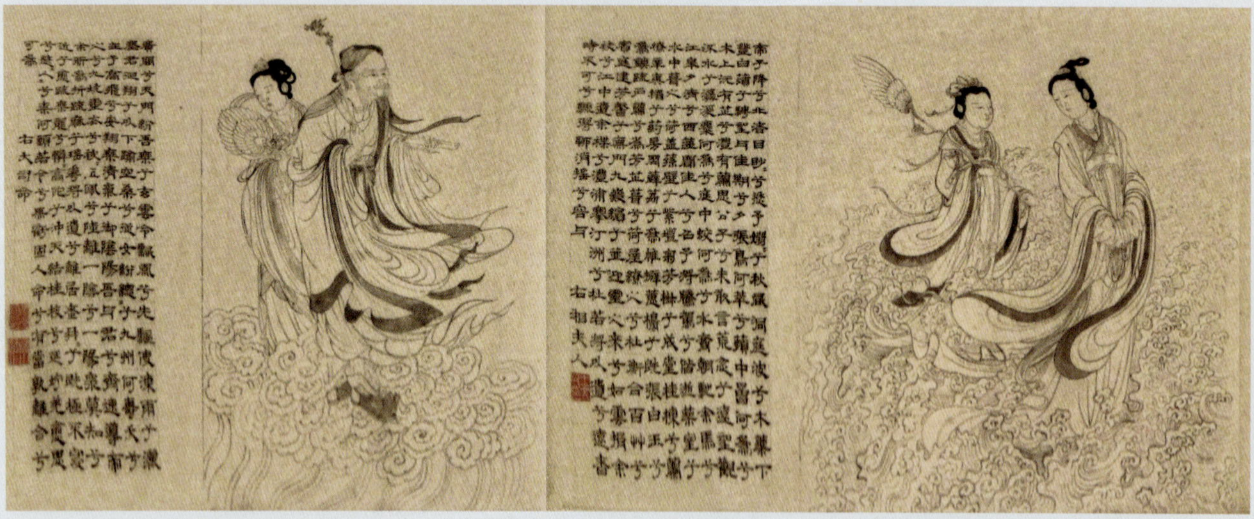

楚辞

“楚辞”本来是指楚地或楚人的歌辞，是一种具有浓郁地方特色的新诗体。屈原以楚辞的形式创作了《离骚》《天问》《九歌》《招魂》等。在他的影响下，又出现了一些写作这种体裁的诗人，如宋玉等人。西汉时刘向整理了屈原、宋玉等人的作品，编成了一部诗歌总集《楚辞》，后来人们就将这种文体称为“楚辞体”。

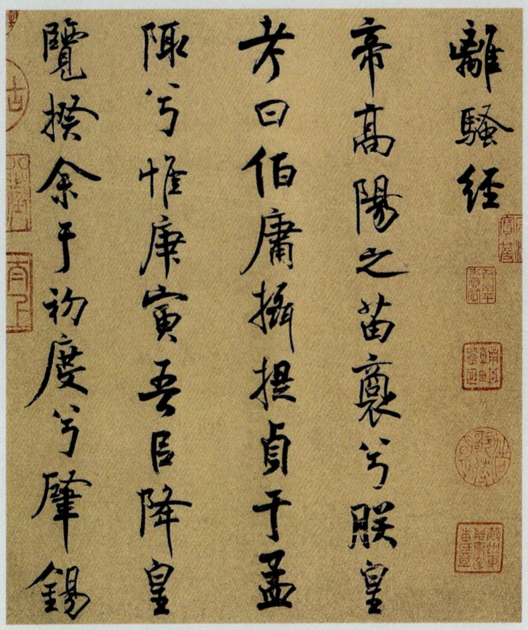

宋代书法家米芾行楷《离骚》

忠而被谤

屈原的变法触犯了贵族的利益，为阻止变法，他们联合起来向楚怀王打小报告，诋毁屈原，有的人甚至提出要加罪于屈原。最初，楚怀王还能保持对屈原的信赖，但随着挑拨离间的人越来越多，他对屈原逐渐失去了信任，便罢免了屈原左徒的职位，让他改任三闾大夫。

三闾大夫是个没有实权的闲职，主要职能是主持宗庙祭祀，掌管昭、屈、景这三个公族的事务。屈原被楚怀王疏远后，忧愤难解，唯有作诗宣泄，他创作了著名的楚辞《离骚》。在诗歌中，他把自己比作香草和美人，把蝇营狗苟的权贵比作恶草、麻雀，表达了自己高尚的节操和绝不同流合污的斗争精神。

楚王被骗

当时，楚国国土最大，齐国最为富有，这两个国家如果结盟成功，无疑会对秦国造成巨大威胁。秦惠文王得知一直支持齐楚结盟的屈原被贬，觉得是个大好机会，就派张仪来到楚国进行游说，阻止齐、楚结盟。

张仪到了楚国后，用重金贿赂楚国的大臣靳尚、楚怀王的幼子子兰和宠妃郑袖等人，让他们在楚怀王面前替自己说好话，从而取得了楚怀王的信任。他欺骗楚怀王说：“如果楚国愿意放弃与齐国结盟，转而与秦国联盟，秦国愿献出商於一带六百里的土地。”屈原再三告诫楚怀王不要相信张仪的鬼话，可楚怀王根本不听屈原的劝谏，果真断绝了与齐国的联盟。

谁知张仪一回到秦国，就故意装病不见楚国使者。楚怀王还以为是自己与齐国断绝关系断得不够彻底，于是专门派人去齐国辱骂齐宣王。齐宣王大怒，立即与楚国断绝了关系，转而也与秦国结盟。这时，张仪才装模作样地见了楚国使者，并对他说：“您怎么不接收土地呢？喏，从这到这，长宽各六里。”楚国使者很生气，回去报告了楚怀王。楚怀王这才知道自己上当受骗，气得立即发兵攻打秦国，结果先后两次伐秦都败给了秦国。楚军八万人被杀，楚国还失去了汉中一带的大片土地。

此时楚怀王才后悔没有听从屈原的劝谏，于是他又起用屈原，命他出使齐国，重新修复楚国与齐国的关系。谁知还没等屈原从齐国回来，张仪又在楚怀王面前花言巧语，不但令楚怀王消除了怒气，还诱使楚怀王和秦国结下姻亲。楚国又一次背齐联秦。屈原极力反对，不但没什么用，反而被楚怀王外放到汉江以北的地方。

周赧王十六年（前299年），秦国攻打楚国，连下楚国八城。秦昭襄王写信给楚怀王，要求他亲自前去武关（今陕西丹凤西南）会盟，信中承诺两国结盟后秦国会把抢占的土地归还给楚国。

这时屈原已从汉北回到都城，他劝说楚怀王道："秦国是虎狼之国，他们说的话怎么能信呢？大王千万不要上当。"

公子子兰却认为楚怀王不赴约会破坏两国邦交，极力怂恿楚怀王前去武关。结果楚怀王一到武关，就被秦昭襄王给扣下了。后来，被关了三年的楚怀王在秦国病逝，屈原听到这个消息，非常伤心，写下了著名的《招魂》："魂兮归来，哀江南！"

自沉汨罗江

屈原责怪公子子兰等人不该劝楚怀王入秦，以致楚怀王客死秦国，这就得罪了公子子兰。他对屈原怀恨在心，把屈原看作眼中钉、肉中刺，非拔去不可。子兰和靳尚勾结起来，在新即位的楚顷襄王跟前说屈原的坏话。楚顷襄王就把屈原革了职，放逐到楚国南方的荒蛮之地。

屈原抱着救国救民的志向，最终却败给了众多奸臣、小人。他憋着一肚子忧愤无处诉说，在汨（mì）罗江（今湖南东北部）畔一边走，一边唱着伤心的歌。有个渔父听到了，就劝他说："你何必这样呢？楚国人哪一个不知道你是忠臣！既然世道艰难，你为什么不跟他们同流合污呢？"

屈原说："他们是糊涂人，只有我清醒啊！我伤心的不是自己的遭遇，我是为楚国伤心，楚国弄成这个样子，我心里像刀割一般。"此时屈原仍希望有一天能重回郢都，为楚国效力。

日子过得很快，一晃十几年过去了，屈原没有等来楚王的召见，却等来一个令他悲痛欲绝的消息。周赧王三十七年（前278年），秦国派大将白起攻打楚国，一举攻陷郢都。屈原听到这个消息，伤心得放声大哭，写下了《哀郢》："皇天之不纯命兮，何百姓之震愆？民离散而相失兮，方仲春而东迁……"

这时屈原已经是六十多岁的老人，在极度绝望的心情下，他决心以死明志，来表达自己对楚国不离不弃的热爱。传说在五月初五那一天，屈原抱着一块大石头，跳进了汨罗江，以身殉国。

屈原一生创作的诗篇中，以《离骚》最为著名，因此这种文学样式也被称为"骚体"。屈原和他的《离骚》，创造了中国文学史上不同于《诗经》的另一座高峰，对后世影响深远。（何昭旭）

端午节的由来

传说屈原在汨罗江投江的消息传开后，周围的百姓纷纷划着小船去打捞屈原。为了不让水里的鱼儿伤害屈原，人们就将煮熟的饭团丢进江里喂鱼。人们在饭团外面包上植物叶子，还缠上彩色丝线，后来逐渐演化为粽子。以后，人们就在每年的农历五月初五这天吃粽子、赛龙舟，以此来纪念屈原。

赵武灵王胡服骑射

赵武灵王即位之后，面对赵国的实际情况，在军事上进行改革，推行“胡服骑射”，使赵国军力日益强盛。作为一代英主，赵武灵王开疆拓土，所向披靡，遗憾的是，他晚年却因内乱，饿死在沙丘宫。

化险为夷稳政局

三家分晋后，赵烈侯建立的赵国一度十分强大。到赵肃侯在位时，这位颇有作为的君主长期与魏、楚、秦、燕、齐等国为争夺生存和发展的空间而恶战不休，赵国一度占据优势，俨然成为北方的霸主。

愚者所笑，贤者察焉。虽驱世以笑我，胡地、中山，吾必有之。

——[战国]赵武灵王

与此同时，魏国自马陵之战后，国力受到削弱，动摇了百年以来的霸业基础，再也无力阻挡赵国向南发展。因此，赵国和魏国结下了宿怨。得知赵肃侯去世的消息，魏惠王大喜，觉得这是一个报仇雪恨的绝佳时机。他立即派人联络了秦、楚、燕、齐四国，打着“会葬”的名义，各自率领一万精兵，前往赵国。他们打算趁赵国新君年幼、办理丧事之际，一举灭掉赵国。

赵肃侯的儿子赵雍（即赵武灵王）当时刚刚即位，他清醒地意识到，父王的葬礼潜藏着万般凶险。各国诸侯派使者前来吊唁，表面上冠冕堂皇，实则心怀叵测，必须做好万全的准备。此时绝不能有丝毫闪失，否则就有可能国破家亡。他在先王重臣肥义等人的忠心辅佐下，制定了周密的策略，来应对眼前的凶险局面。

君臣谋略既定，赵武灵王迅速传令下去，赵国上下进入高度戒备状态。他在国内重镇、战略要地和边防要隘派驻重兵，严加戒备，随时准备进入战斗；又派人联络韩国和宋国，结成联盟；用重金贿赂越王无彊，让他派兵骚扰楚国边境，以分散楚国的注意力；与此同时，还命人贿赂北方的楼烦王，请他出兵骚扰燕国和中山国，使他们无力南下。如此一来，在去掉燕、楚两个强敌之后，魏、齐、秦联军对赵、韩、宋联军就没有什么军事优势了。

在进行各项战略部署的同时，赵武灵王下令，前来参加会葬的五国军队不得进入赵国境内，只允许五国使者代表各国君主携带吊唁物品入境。由赵国负责接待

河北邯郸赵苑公园中的赵武灵王胡服骑射雕像

宾客的大臣陪同五国使者，前往都城邯郸。魏、秦、齐、燕、楚五国的使者进入赵国后，看到赵国军队严阵以待，戒备森严，不敢有任何的差错和唐突，参加完赵肃侯的葬礼后就匆匆离去了。赵武灵王在大臣们齐心协力的辅佐下，挫败了五国的阴谋，终于使赵国的局势稳定下来。

楼烦与林胡

战国时期，活跃于北方的游牧民族主要有楼烦和林胡。楼烦的历史可以追溯到周朝以前，其领土大约在今山西与河套地区一带。林胡也被称作“林人”“湛林”，是一支战国时分布在今山西朔州以北至内蒙古的古民族。这两个游牧民族都以畜牧业为生，精于骑射。林胡后来被赵国大将李牧击败后灭国，楼烦则不断迁移，到西汉时被大将卫青攻破。

战国时期鎏金青铜带钩

推行改革遇阻碍

赵武灵王即位后，决心解决掉中山国这个“心腹大患”。中山国的地理位置很特殊，它正好梗在赵国的中央地带，东北角一小块与燕国接壤，其余都被赵国的领土包围着。赵国的四大重镇代郡（治今河北蔚县东北）、邯郸、上党（治今山西长治市北）与旧都晋阳（治今山西太原西南）被中山国从中间阻隔，交通极为不便。

为了解决这个心头大患，赵武灵王先是怂恿中山国的国君称王，让他陷入孤立；随后，又与韩、魏等国联合抵御齐、秦，以避免大国对自己的觊觎；同时，赵武灵王还命人在靠近中山国的边境地区修筑野台，以便于观察齐国和中山国军队的动向。

然而，在对外作战中，赵国常常打败仗，眼前的形势十分严峻：既有齐、秦等大国的虎视眈眈，又有北方游牧民族的威胁。赵武灵王日思夜想，希望寻求一条强国之路。那个时候，中原各诸侯国打仗还是以步兵为主，即使是车兵，也是士兵在战车上或坐或站，与敌军交战。这种打法不但麻烦，而且不灵活，进退都显得很笨拙。

在与中山国及林胡、楼烦等北方游牧民族的交战中，赵武灵王发现对方的服饰短小灵活，他们骑在马上，打起仗来机动性很强，来去如风，飘忽不定，让人防不胜防。于是，他亲自率人到赵国边境进行考察，下决心在服装及打仗方法上进行改革。

赵武灵王知道，凡是改革，必定会遇到阻力，他先招来心腹大臣楼缓商量道：“先王筑长城，打林胡，但功业尚未完成。如今中山在我国心腹地带，四周满是强敌，燕、齐、秦、韩对我虎视眈眈，又有林胡、楼烦等游牧民族不时来攻城略地。值此国家存亡之际，寡人想要改革，穿胡人的衣服，组建一支骑兵，以强大军事力量。”楼缓一边听，一边点头，赞同赵武灵王的想法。于是，君臣商议了具体的施行措施。

赵武灵王和楼缓的商议传了出去，群臣一片哗然。大家都说：“我们的衣服是老祖宗传下来的，是礼仪之邦区别于蛮夷的标志，怎可效仿胡人的穿着呢？”其中赵武灵王的叔叔公子成反对得尤其厉害，他觉得穿胡服太丢脸，干脆装病不去上朝。老臣肥义对赵武灵王说：“臣听说‘疑事无功，疑行无名’，大王既然下决心向胡人学习，就不必理会天下人的议论。”

肥义的话无疑给了赵武灵王极大的鼓舞，他亲自前去劝说叔叔公子成：“制作衣服是为了便于用，制定礼仪是为了便于事。风俗不同，事情不同，所采用的衣服和礼仪就有所不同，不可一概而论。寡人之所以想推行胡服骑射，是想一雪前耻，好好地守卫我们国家的疆土。叔叔您怎么能因为世俗的偏见而忘记赵简子、赵襄子开疆拓土的大义呢！”这番话情真意切，公子成也被说服了。他再三叩首，向赵武灵王请罪，并穿上了赵武灵王赏赐的胡服。

胡服骑射显威力

劝服了公子成，朝中大臣们再也无话可说，于是纷纷跟着穿起了胡服。周赧王八年（赵武灵王十九年，即前307年），赵国正式颁布了胡服骑射的法令，赵国人不分男女、老少、贵贱，纷纷穿起了胡服。赵武灵王以贤能任官，使大批出身低贱和有戎狄背景的人，能够凭借本领得到重用。他还下令士兵们学习射箭、骑马，组建了一支骑兵队伍。

为了增强臣民对实行胡服骑射改革的信心，赵武灵王决定用事实说话，证明胡服骑射能大大提升军队的战斗力。为此，赵国实行胡服骑射一年后，赵武灵王率领有限的骑兵，再度进攻中山国。这一次，赵军的表现好多了，在对中山国的战争中取得了一系列胜利，一直打到了中山国的中心地区，大大地鼓舞了赵国臣民。

在这之后，赵武灵王加紧训练，带出了一支实力强大的骑兵队伍，多次打败中山国和林胡、楼烦等游牧民族。周赧王十六年，赵武灵王在赵国实力鼎盛的时候，为了专注于军国大事，把王位禅让给儿子赵惠文王赵何，自己则称“主父”，相当于“太上皇”，主管军事。又过了三年，赵武灵王终于灭掉了中山国，解除了赵国的“心腹之患”，使赵国南北连成一片。

赵武灵王能够针对赵国的国情，主动打破华夏尊贵、戎狄卑贱的传统观念，是十分难能可贵的。胡服骑射的改革，促进了当时赵国的民族融合，赵国的武力也大大提升，成为战国后期抗秦的主力。然而，灭掉中山国仅过了一年，赵武灵王遭遇“沙丘之乱”，被幽禁在沙丘宫（今河北邢台广宗大平台一带）三个月。可怜一代英主，最终竟然被活活饿死。（商国君）

赵国赐给匈奴首领的“匈奴相邦”玉玺

这是目前已知最早的由中原政权颁给周边少数民族的官印。

沙丘之乱

赵武灵王晚年将王位传给心爱的幼子赵何，他就是赵惠文王。赵武灵王自己坐镇北方继续开疆拓土，称“赵武灵王”。赵惠文王的势力逐渐壮大起来，赵武灵王一方面对他有所忌惮，一方面又对被废除了太子之位的公子章心怀愧疚，就将公子章封为代王，甚至想将赵国一分为二。赵武灵王的犹豫引起了国内的动乱，不久，公子章与心腹密谋，想要夺取王位，兵变失败后逃到了赵武灵王居住的沙丘宫。赵武灵王收留了公子章，赵惠文王的大臣李兑和公子成随即派兵包围沙丘宫，要求赵武灵王交出公子章。赵武灵王不同意，他们就派人闯入宫中杀了公子章。事情进行到这一步，赵惠文王、李兑、公子成等人怕赵武灵王责怪，但又不愿意承担弑君的骂名，索性就把赵武灵王围困在沙丘宫里。一代雄主赵武灵王，就这么被活活饿死在宫中。这就是“沙丘之乱”。

战国青铜鸟盖瓠壶

这件文物参考了北方草原皮囊壶的造型，纹饰细密，生动形象，是古人用来饮酒的器具。

文武同心将相和

战国末期，诸侯国之间的战争愈加激烈，想要在这个弱肉强食的时代生存下去，唯有不拘一格地任用人才。何谓人才？这个故事的主人公蔺相如给出了一个很好的答案：人才，不仅要有非凡的胆识，还要有宽广的胸襟。

秦王索璧

赵惠文王偶然间得到了稀世珍宝“和氏璧”。

和氏璧原本是楚国的宝贝，它其实是一块玉，通体散发着奇异而温润的光泽，正面看去是白色，侧面看去是青绿色，令人见之爱不释手。和氏璧几经辗转，“重现江湖”，被赵惠文王得到，这个消息不胫而走，很快就传到了秦昭襄王的耳朵里。秦昭襄王也很想得到这件宝物，就给赵惠文王写信，说愿意用十五座城池来换和氏璧。

赵惠文王看了信，愁眉不展，连忙召集群臣商议。到底答不答应秦昭襄王交换和氏璧呢？答应吧，怕得不到秦国的城池，白白受骗；不答应吧，又怕得罪秦王，给秦王攻打赵国提供借口；想要找个可靠的人去秦国交涉此事，但一时之间没有合适的人选。正在左右为难之际，宦者令（主管宦官内侍的头目）缪贤向赵惠文王举荐道：“我的门客中有个叫蔺相如的，有勇有谋，可堪此任。”赵惠文王听了很高兴，便召见蔺相如问话。

赵惠文王说：“秦王想用十五座城来换和氏璧，该如何答复？”

蔺相如恭恭敬敬地答道：“秦国强大，赵国弱小，不能不答应他的要求。”

赵惠文王又说：“秦王一向狡诈，若他拿走和氏璧，但不给我城池，怎么办？”

蔺相如思索了一会儿，说：“秦国想用城池换和氏璧，若赵国不答应，理亏的是赵国；赵国答应交换和氏璧，若秦国不履行诺言，理亏的是秦国。权衡这两种对策的利弊，宁可答应秦国的请求，让秦国承担理亏的责任。”

赵惠文王为难地问：“那派谁去与秦国交涉呢？”

蔺相如老老实实地回答说：“大王如果找不到可靠的人，臣愿意护送和氏璧出使秦国。若秦国按照约定将十五座城池划给赵国，臣就把和氏璧留给秦国；若秦国不讲信用，臣一定把和氏璧完好地带回赵国。”

赵惠文王对蔺相如的回答很满意，于是就派蔺相如奉璧出使秦国。

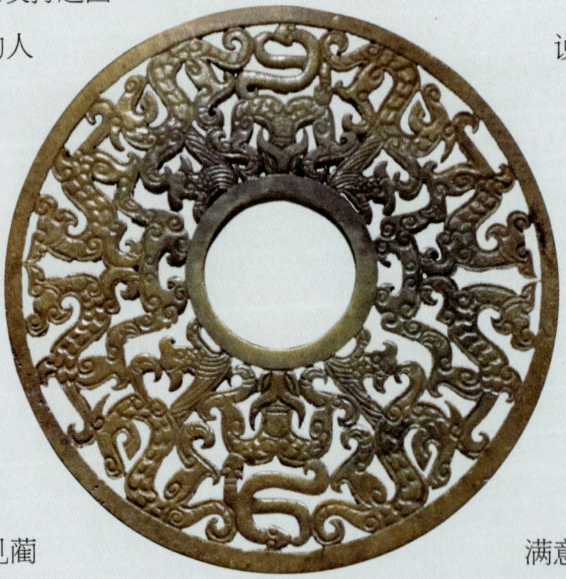

战国时期玉璧

上下五千年

卞和献玉

和氏璧的背后，有一段令人悲伤的故事。

春秋时期，楚国有一个叫卞和的人，他在山上发现了一块璞玉，便拿去献给楚国国君楚厉王。楚厉王让玉匠鉴别，玉匠说："这是一块普通的石头。"楚厉王认为卞和是个骗子，就砍掉了他的左脚。

楚厉王死后，楚武王继任国君。卞和又捧着那块璞玉献给楚武王，楚武王叫玉匠鉴定，玉匠仍说："这是一块普通的石头。"楚武王也认为卞和是个骗子，又砍掉了他的右脚。

楚武王死后，楚文王继承了王位。卞和抱着璞玉痛哭了几天几夜，眼泪都哭干了。楚文王听到这事，便派人去问卞和，他说："天下被砍掉双脚的人多得很，为什么唯独你这样伤心呢？"卞和说："我并不是为自己伤心，我所伤心的是宝玉竟被说成石头，忠诚的好人被当成骗子。"

楚文王便叫玉匠认真加工、琢磨这块璞玉，果然发现这是一块稀世宝玉。楚文王感佩卞和的忠贞，于是把宝玉命名为"和氏璧"。

完璧归赵

蔺相如带着和氏璧来到秦国都城咸阳，秦昭襄王在章台接见了蔺相如。

蔺相如双手捧着和氏璧献给秦昭襄王。秦王看了又看，非常高兴。他还把和氏璧传给周围的妃嫔及大臣们观赏，众人都兴高采烈地欢呼"万岁"。蔺相如察觉到秦王丝毫没有将十五座城池交给赵国的意思，急中生智，上前一步说道："大王，和氏璧上有点瑕疵，请让臣指给大王看。"

秦昭襄王把和氏璧交还给蔺相如，蔺相如捧着它后退了几步，背靠着柱子站定，怒发冲冠地对秦昭襄王说："大王派人到敝国送信，说愿意用十五座城池来交换和氏璧。赵王召集所有大臣商议，大家都说秦国贪婪，恃强凌弱，不可以相信。但我认为平民之间的交往尚且讲究诚信，何况是大国之间呢！于是赵王斋戒了五日后，捧出了和氏璧，派我将它给大王送来。今日臣来觐见大王，大王待臣傲慢无礼；拿了和氏璧，这么郑重的事，大王却随随便便地将它传给妃嫔们观赏。臣看大王并无交换的诚意，如今和氏璧在我手里，大王要是以武力强求，臣宁可把头颅与玉璧一起撞碎在柱子上！"

说着，蔺相如拿着和氏璧就要向柱子上撞去。

秦昭襄王吃了一惊，怕他真的撞碎和氏璧，连忙道歉，并叫人拿来地图，指着地图说："寡人是诚心想换和氏璧的，你看，从这里到那里的十五座城，全归赵国。"

蔺相如知道这不过是秦昭襄王虚与委蛇的应付之词，但他也不便立马揭穿，就对秦昭襄王说："和氏璧是天下公认的宝贝，赵王送璧的时候，斋

战国早期错金银鸟兽形盉

[清] 吴历《蔺相如完璧归赵》

着和氏璧，从小道逃回了赵国。

五天后，秦昭襄王斋戒期满，在朝堂上举行了盛大的受璧仪式，并命人引赵国使者蔺相如进殿。蔺相如不慌不忙地走进来，对秦昭襄王说："秦国自秦穆公以来的众多国君，没有一个是坚守信约的。我实在害怕受大王欺骗而对不起赵国，所以已经派人将和氏璧送回赵国了。"

秦昭襄王听了非常愤怒，他刚要发作，蔺相如面不改色，继续说道："大王如果真的想要和氏璧，请先将十五座城池划给赵国，赵国立即就会把宝璧送来。现在秦强而赵弱，赵国怎敢为一块玉璧而得罪秦国呢！我知道我欺骗了大王，现在甘心接受汤镬（huò）之刑，只希望大王从长计议！"

戒了五天，又举行了隆重的送璧仪式。现在大王也应斋戒五天，在朝堂上举行隆重的受璧仪式，我才敢献上和氏璧。"

秦昭襄王见不能强求，只好答应了蔺相如，把他安置在驿馆里。蔺相如料定秦昭襄王没有交换的诚意，就悄悄打发随从穿着粗布衣服，怀揣

听了蔺相如这番话，秦国君臣面面相觑。大臣中有人主张立即处死蔺相如，秦昭襄王这时已经冷静下来，他沉吟了一会儿，说道："现在杀了蔺相如，终究还是不能得到和氏璧，反而破坏了秦、赵两国的交情。不如以礼相待，放他回去，想来赵王也不会因一块玉璧而欺骗我秦国。"

就这样，秦昭襄王在殿堂上隆重招待了蔺相如，然后让他回了赵国。蔺相如不辱使命，成功出使，赵惠文王十分欣赏蔺相如的品德和才干，封他为上大夫。而秦国和赵国交换和氏璧的事，也不了了之。

京剧《将相和》中廉颇负荆请罪的场面

渑池之会

蔺相如完璧归赵之后，秦昭襄王一直耿耿于怀。接下来的几年时间里，秦、赵两国摩擦不断，秦国多次派兵攻打赵国。周赧王三十六年（前279年），秦、楚之间爆发了战争，秦国为了集中力量对付楚国，想与赵国讲和。秦昭襄王派使者到赵国，约赵惠文王在西河外的渑池（今河南渑池西）会面。

此前，楚怀王应邀赴秦，结果被秦昭襄王软禁在秦国，最后落得个客死异乡的悲惨境地。赵惠文王害怕自己也被劫为人质，想要推辞不去。蔺相如对赵惠文王说："大王如果不去，就显得我们赵国胆怯软弱，以后秦国将会更加骄横。"于是赵惠文王决定带蔺相如前往渑池赴会，让大将廉颇率军在边境做好接应的准备。

战国中期镶嵌银丝蟠螭纹方缶

缶原是用来盛水或酒的器皿，后来成为一种乐器。

赵惠文王来到渑池，如期与秦昭襄王相会。酒酣耳热之时，秦昭襄王突然对赵惠文王说："我听说您非常喜欢弹瑟，而且弹得很好，烦请弹一曲来助助兴。"赵惠文王没有办法推辞，只好在筵席上弹了一曲。秦国的史官立即记录道："某年某月某日，秦王在渑池与赵王会饮，秦王令赵王为其弹瑟。"很明显，秦昭襄王想通过这个方式来羞辱赵惠文王。

蔺相如看到这一情景，马上拿起一个瓦盆，上前对秦昭襄王说："我们大王听说您擅长演奏秦国音乐，请您击缶来助助兴吧。"秦王听了勃然大怒，拒不答应。

这时蔺相如捧着瓦盆说："我离大王只有不到五步的距离，如果大王不答应臣的请求，臣将以死相拼！"秦昭襄王左右的侍卫想要拔刀拿下蔺相如，只见蔺相如怒视周围，大喝一声："谁敢上来！"秦昭襄王无奈，只得勉强在缶上敲了一下。蔺相如立即回头让赵国的史官写道："某年某月某日，秦王为赵王击缶。"说罢，蔺相如回到自己的座位。

战国变形龙纹镜

于是双方重修旧好，并订立了盟约，约定互不侵犯。为使赵国安心，秦昭襄王还让自己的孙子异人随赵惠文王回国，作为人质。

秦昭襄王气得直拍桌子。秦国的大臣想为秦王挽回点颜面，纷纷吵嚷道："请赵王用十五座城池为秦王祝寿。"蔺相如毫不客气，回击道："请秦王用贵国的都城咸阳为赵王祝寿。"

由于蔺相如的刚毅果敢，直到酒宴结束，秦昭襄王也没能羞辱成赵惠文王。加之赵国已在边境部署重兵，时刻准备接应赵惠文王，秦昭襄王思前想后，觉得自己准备不足，便没敢轻举妄动。

皮影戏《将相和》中的廉颇与蔺相如

负荆请罪

蔺相如用自己的实际行动维护了赵惠文王的尊严，赵惠文王对蔺相如更加倚重了。回到国内，赵惠文王封他为上卿，地位甚至在大将军廉颇之上。这引起了廉颇的不满。

廉颇是战国时赫赫有名的战将，为赵国打了很多胜仗。他看到出身贫寒的蔺相如仅凭着一张嘴就获封上卿，地位居然在自己之上，很不服气。他到处嚷嚷着说："蔺相如算个什么东西！原来不过是宦官的门客，仗着一张嘴，动动嘴皮子就爬到我头上去了。他日若让我撞见他，我一定要好好羞辱他一番！"

廉颇的话不胫而走，传到了蔺相如的耳中。为避免撞见廉颇，蔺相如经常装病不去上朝，以免与他发生冲突。

有一天，蔺相如外出，他的马车刚刚驶上道路，远远看到廉颇的车子正朝前驶来，蔺相如急忙命车夫掉转马车，到旁边的小巷里暂避。蔺相如的举动引起了门客的不满，他们纷纷对蔺相如说："我们之所以背井离乡，投在您的门下，是仰慕您高洁的品格和出众的才华呀。如今您与廉颇将军同朝为官，廉颇将军到处说您的坏话，您却处处躲着他。连普通人都知道维护自己的尊严，您这样未免也太胆怯了！请恕在下不才，让我们离开吧！”

蔺相如微微一笑，说道：“诸位认为廉将军和秦王相比，谁更厉害？”

众人都说：“廉将军自然比不上秦王。”

蔺相如又说：“以秦王的威势，我尚且不怕，敢当面呵斥他、羞辱他，难道偏偏就怕廉将军？如今秦国之所以不敢对赵国用兵，还不是因为武有廉颇将军，文有我蔺相如。若我和廉将军因为意气用事，争斗起来，岂不是给了秦国可乘之机？两虎相争，必有一伤。我之所以对廉将军这样忍让，不过是将国家安危放在个人私怨之前罢了！”

门客们听了蔺相如的话，都羞愧地低下了头，更加钦佩蔺相如的为人了。后来，有人将蔺相如对门客说的话告诉了廉颇，廉颇顿时感到无地自容。他思前想后，决定按照当时的习俗向蔺相如请罪。

第二天一早，廉颇脱去上衣，赤裸着上身，背上背着一大捆荆条，徒步走到蔺相如府上，前去请罪。他跪在蔺相如面前，羞愧地说：“我是个粗人，想不到相国您如此宽宏大量！之前我对您多有不敬，请您发落我！”

蔺相如急忙扶起廉颇，解下他背上的荆条，脱下自己的外衣给廉颇披上，说道：“将军说的哪里话，你我二人自当同心协力，共同为大王分忧。”从此，二人言归于好，成了生死与共的好朋友。此后相当长的一段时间里，秦国都不敢来攻打赵国。而蔺相如不计前嫌，廉颇勇于认错，这一幕“将相和”也成为流传千古的佳话。（何昭旭）

范雎远交近攻

“远交近攻”是一种深谋远虑的国家发展谋略，它的意思是联络、结交距离远的国家，进攻邻近的国家。这则成语的背后隐藏着一段大国争雄的恢宏历史，也蕴藏着一个小人物逆袭复仇的励志故事。

蒙冤受辱，死里逃生

秦昭襄王是秦国在位时间最长的君主，共在位五十六年，同时他也是一位奋发有为的君主，正是在他执政时期，秦国奠定了一统天下的基础。

秦昭襄王即位初期，手里并没有实权，因为他有一位十分强悍的母亲——宣太后。宣太后任命自己同母异父的弟弟魏冉担任相国，又在魏冉的帮助下将秦国的军政大权揽入自己手中。秦昭襄王名义上是国王，但实际上一切都要听从宣太后的。直到有一年，从东方的魏国来了一个叫张禄的人，这个人的到来彻底改变了秦昭襄王的傀儡命运，也深刻影响了历史的进程。

范雎雕像

其实这个人原本不叫张禄，而是叫范雎（jū），至于他为什么改名，一切还要从头说起。

范雎本是魏国公族的庶出子弟，早年的他就像年轻时的商鞅一样，胸怀韬略，但因家贫而没有出人头地的机会。他在魏国大夫须贾门下做门客，谋得了一个糊口的差事。这一年，魏国的国王派须贾出使齐国，须贾让范雎与自己一同前往齐国。

一饭之德必偿，睚眦之怨必报。

——《史记》

好不容易得到一个抛头露面的机会，范雎自然不肯放过。在与齐襄王会面的时候，范雎口若悬河，侃侃而谈。齐襄王见范雎能言善辩，很是欣赏，私下里派人单独给他送了十两黄金和一些美酒，范雎义正词严地拒绝了。不料，这件事被须贾知道了，他又是嫉妒又是气恼，认为范雎肯定出卖了魏国，不然怎么能得到齐王的青睐呢？于是他把范雎叫来，狠狠地训斥了一顿。

范雎虽然平白受了一顿委屈，倒也没把这事放在心里。谁承想，须贾回国后把这件事情添油加醋地汇报给魏国相国魏齐。魏齐听后大怒，命人将范雎拿下，质问他为何要勾结齐人出卖魏国利益。范雎虽然努力辩白，但还是遭到毒打。他的肋骨被打断，牙齿也被打掉了。

范雎刚开始还大声喊冤，渐渐地，他的声音低下去，听不见了，原来他晕过去了。魏齐派人用席子把范雎卷起来，扔到厕所里。当时，魏齐府上正在大宴宾客，宾客们喝醉了，就轮番往范雎身上撒尿。

天黑了，苏醒过来的范雎艰难地睁开眼睛，只见一个家丁在门口守着。于是他呻吟着对家丁说："您若能放走我，我日后必定重重地谢您。"家丁觉得范雎很可怜，于是就向魏齐请示道："厕所里的死人散发着恶臭，实在影响宾客，不如把那尸体扔掉算了。"

范雎死里逃生捡回一条命，他东躲西藏，不敢在魏国抛头露面。后来，范雎改名张禄，在朋友的帮助下，他悄悄去见了秦国的使者王稽。王稽出使各国，本就是为秦王搜罗人才，他见到"张禄"，被"张禄"的才华折服，于是带着他回到秦国。

秦灭六国的顺序

后来，秦国统一天下就是按照范雎"远交近攻"的战略思想逐步实施的。六国灭亡的顺序依次为韩、赵、魏、楚、燕、齐。

战国晚期镶嵌银饰金带钩

秦宫献策，远交近攻

在魏国遭受的屈辱激发了范雎的进取心，他发誓一定要在秦国混出名堂来。

范雎到了秦国，刚开始，秦昭襄王并没把他当回事。当时秦昭襄王已经在位三十多年了，南面攻占了楚国都城，东面攻破了齐国，还数度围困三晋，功业赫赫，早把使者带回的范雎抛到脑后去了。

战国水晶杯

范雎在驿馆里居住了一年多，一直不断地给秦昭襄王上书，论述治国之策。恰巧这时秦昭襄王遇到了麻烦事：他的舅舅穰侯魏冉提出要越过韩、魏两国去攻打齐国。秦昭襄王很犹豫，穰侯的权力已经很大了，这回又要带兵去攻打齐国，其实是为了扩大自己的封地，因为他的封地正好与齐国接壤。范雎听到这个消息，立刻给秦昭襄王写信，表示他有办法。秦昭襄王看了很高兴，于是在离宫召见了他。

范雎来到王宫，故意表现得很傲慢。太监对他喝道："大胆狂夫！大王来了，还不行礼！"

范雎大声说："秦国哪有大王？秦国只有太后、穰侯罢了。"他说这话，就是要刺激秦昭襄王。秦昭襄王听了，不但不生气，反而认为眼前这个人有胆识，非比寻常，就恭恭敬敬地向范雎请教治国方略。

范雎说："穰侯越过韩、魏两国去进攻齐国，这不是个好计策。秦国和齐国之间距离遥远，出兵少就无法取胜，出兵多则耗费巨大，反而会损害秦国自身的力量。再说秦国与齐国之间隔着韩、魏两国，即便打下齐国的一些城池，也必然守不住。由此看来，攻打齐国得不偿失。"

秦昭襄王问："既然如此，先生有何高见？"

范雎说："最好是一面同距离较远的齐、楚、燕三国交好，一面攻打韩、赵、魏这三个邻国，这样大王攻占的每一块土地，都能得到有效的管理。若兼并了韩、赵、魏三国，秦国的实力大增，齐、楚、燕还能站得住吗？这叫远交近攻。”

秦昭襄王听了这四个字，茅塞顿开，当即拜范雎为客卿。秦昭襄王按照范雎的策略，果然收获很大，短时间内就攻占了大片领地，他对范雎越来越信任了。后来，秦昭襄王在范雎的策划下，先解除了魏冉的相国之职，又逼迫宣太后让出权力，彻底掌握了秦国的军政大权。秦昭襄王任命范雎为相国，并封他为应侯，继续执行远交近攻的策略，对魏国发动了更大规模的战争。

宣太后

秦昭襄王之母宣太后本是楚国贵族，芈姓，人称“芈八子”。秦昭襄王十九岁即位，秦国大权由她掌握。宣太后的同母异父弟魏冉因拥立秦王有功，被封为穰侯，得到宣太后的重用。宣太后又封另一个弟弟芈戎为华阳君，自己另外两个儿子公子市、公子悝为高陵君和泾阳君，四人合称“四贵”。秦昭襄王即位四十一年后，任用范雎为相，罢免了魏冉等人，宣太后也被废黜。

战国晚期镶嵌几何纹方壶

须贾赠袍，侥幸逃生

魏国看到自己成为秦国东伐的首要目标，承受不住秦国的进攻，就派使者到秦国和谈。凑巧的是，这个出使之人不是别人，正是范雎的仇人须贾。但须贾并不知道秦国的张相国就是当年的范雎，他还以为范雎早就死了呢。

范雎知道须贾来了，就换了一身破旧的衣服去见他。须贾看见范雎后，大吃一惊，他大概也对当年范雎无故蒙冤的事情有所愧疚，就说：“范叔，原来你没有死啊！”范雎说：“唉，总算捡回来一条命。我逃到秦国，现在给人家当仆人。”须贾感叹不已，见范雎身上穿着破烂的衣服，冷得直打哆嗦，就随手拿来一件厚袍子，给他穿上。

范雎说：“大夫来秦国，不就是要见相国大人吗？我的主人正好跟他很熟，我带你去见他吧。”范雎亲自赶着马车带须贾到了相府门口，对他说道：“请等一等，我先进去通报一声。”须贾等了好一阵子不见动静，就问门房：“刚才进去的那个仆人怎么还不出来？”相府的人回答说：“什么仆人

京剧《赠绨袍》剧照

《赠绨袍》是京剧传统剧目，它是根据《史记·范雎蔡泽列传》改编的，讲述了范雎与须贾之间的恩怨故事。绨袍就是用粗绨做的袍子，因为这个故事，后世就以“绨袍”作为不忘旧情的典故，还产生了一个成语“绨袍之赠”。

啊？那是我们的相国大人！”须贾惊呆了。他赶紧脱了上衣，光着身子跪在大门口，请门房替他进去通传，说罪人须贾来请罪了。

范雎把家里的门客都叫来，传令让须贾进来。他故意问道：“你有什么罪啊？”须贾战战兢兢地说道：“罪臣对大人犯下了不可饶恕的罪过。”范雎冷笑着说：“你确实有罪。你无故怀疑我出卖魏国，这是其一；魏齐打我，你不制止，也不帮我解释，这是其二；他把我丢进茅房，想要溺毙我，羞辱我，你怎么忍心？这是其三。我本来要杀你，但你刚刚真心实意送我一件袍子，说明你还惦念以前的交情。”

范雎随后进宫向秦昭襄王诉说了自己过去的悲惨遭遇。秦昭襄王听罢大怒，立刻就要出兵攻打魏国。范雎连忙阻止道：“这是臣的私事，切不可与国事相连。请让臣自己报仇吧！”秦昭襄王说道：“也罢，须贾你就自己处置吧，魏齐的仇由寡人来替你报。”

须贾本以为自己死定了，没想到范雎居然放过了他。想到自己这次出使秦国，竟然遇到了范雎，看样子只能无功而返了。第二天，须贾来向范雎请辞。于是范雎大宴宾客，将所有的使者都请来，大家坐在堂上言笑晏晏。他单独在堂下给须贾设了一个小桌子，在他面前放了一盆喂马的饲料，让两个犯人站在旁边，不停地喂须贾吃下马食。范雎对须贾说：“你回去告诉魏王，赶快把魏齐的脑袋送来，不然我就领兵踏平大梁（魏国的首都，在今河南开封市）！”

须贾回到魏国，把范雎的要求报告给魏王，相国魏齐吓得赶紧逃走了。他先是逃到了赵国的平原君处，平原君收留了他，结果给自己也惹来了祸事。魏齐为了不连累平原君，只好继续逃亡。但其他诸侯国都畏惧强大的秦国，谁也不敢收留魏齐。魏齐走投无路，最后只好自杀了。

（何昭旭）

战国晚期春成侯盉

盉（hé）是古代的一种酒器，一般为圆口、深腹、三足。盉可用来调和水与酒，然后再倒入爵、觚等器具饮用，也可以用来温酒。

咏史

［唐］高适

尚有绨袍赠，应怜范叔寒。
不知天下士，犹作布衣看。

赵括纸上谈兵

秦国派兵攻打韩国，韩国上党郡郡守冯亭将上党献给赵国，好令赵国助自己抵御秦军。赵国老将廉颇高筑壁垒，坚守阵地，以此来疲劳敌人。秦相范雎成功实施离间计，赵王命赵括替换廉颇为将。赵括主动出击，反被秦军围困，突围不成，中箭身亡。四十余万赵军覆灭，赵国从此一蹶不振。

祸水引向赵国

魏国相国魏齐得知范雎要魏安釐王交出自己的人头，吓得连夜逃跑。他先去投奔赵国的平原君，平原君收留了他。秦昭襄王知道后，就给平原君写了一封信，信中说道："寡人久仰平原君高义，愿与君结为布衣之交，邀请您来咸阳宴饮十日。"此前楚怀王被囚，最后落得个客死他乡的下场，平原君明知道秦昭襄王这封信不怀好意，但为了赵国着想，还是毅然赶赴咸阳了。

平原君到了秦国，秦昭襄王要他交出魏齐，平原君不愿出卖朋友，果然被秦王扣留下来。秦王又给赵孝成王写了一封信，不但以平原君来威胁赵王，更扬言若不交出魏齐的人头，就会发兵攻打赵国。

赵孝成王吓坏了，急忙派人去平原君家，想要抓出魏齐，谁知魏齐已连夜逃走了。魏齐本想去魏国投奔信陵君，却被信陵君的门客拦住了，无路可逃的魏齐最后在大梁城外自尽。赵孝成王得知这个消息，急忙派人取来魏齐的人头，送给秦昭襄王。

赵、魏两国的结盟因此破裂了，秦昭襄王于是按照范雎"远交近攻"的策略，首先派兵攻打邻近的韩国。秦军很快攻占了韩国的野王（今河南沁阳），阻断了上党（治今山西长治北）与韩国本土的联系，上党因此成了韩国的"飞地"。韩桓惠王决定将上党割让给秦国以求和。郡守冯亭不肯降秦，他对手下的官员和百姓说道："我们已经被断了道路，失去了与都城的联系，若秦军继续进攻，我们肯定抵挡不住。但就这么向秦国投降，也太令人不齿！不如将上党献给赵国，这样一来，秦国势必会转而进攻赵国，赵国就会和我们韩国联合起来，共同抵挡秦军的进攻了。"

战国晚期攸武使君甗

冯亭派使者去见赵孝成王，表示愿意将上党十七座城邑献给赵国。赵孝成王得知这个消息非常高兴，但谨慎起见，他分别召平阳君赵豹和平原君赵胜，征询他们的意见。平阳君不同意接受上党郡，他认为冯亭不降秦，将上党献给赵国，是想嫁祸给赵国。平原君赵胜却说："今日白得十七座城邑，这可是巨大的好处，大王万万不可失去这样的机会啊！"赵胜的回答迎合了赵孝成王，于是赵孝成王接受了上党之地，仍令冯亭为郡守。

胶柱鼓瑟

柱是瑟上的短木，用来撑弦并调节声音。柱被粘住，就不能调音了。这个成语出自《史记·廉颇蔺相如列传》，当时赵孝成王要任命赵括为帅，替换下廉颇，蔺相如劝谏赵孝成王，认为赵括并不能灵活应战。后来这个成语就用来比喻固执拘泥，不懂变通，也作“胶柱调瑟”。

战国时期瑟

赵国接收了上党，秦军果然转而来攻打上党。赵国派出老将廉颇率二十万大军在长平（今山西高平西北）一带驻守，抵抗秦军的进攻。

进攻受阻，行离间计

秦军来势汹汹，赵国军队与之交了几次手，都没能战胜秦军。廉颇是一名很有经验的老将，他认为秦军目前士气正盛，而赵军则刚刚长途跋涉至此，不仅兵力处于劣势，还因吃了败仗，士气低落，处于被动不利的地位。面对这一情况，廉颇采取了“筑垒固守，疲惫敌军，相机攻敌”的作战方针。他命令赵军凭借山险，筑起森严的壁垒。这壁垒沿山势绵延百里，赵军凭借天险居高临下抵御秦军。秦军进攻受阻，数次挑战，想要引诱赵军走出壁垒作战。但廉颇严厉约束手下部众，坚壁不出。无论秦军如何挑衅，赵军都不予理会。

同时，廉颇把上党地区的民众集中起来，一面从事战场物资的运输，一面投入筑垒抗秦的工作。赵军壁垒森严，秦军求战不得，无计可施。秦国军队远道而来，之前的几次战役都是速战速决，再这么拖下去，粮草、军备都成问题，军心渐渐不稳。一时间，秦军陷入进退两难的境地。

此时秦军的将领是王龁（hé），他看速胜的目的一时难以达到，急忙派人向秦昭襄王禀报。范雎给秦昭襄王出主意，他们派人携带重金偷偷潜入赵国，四处散布廉颇的坏话，说什么廉颇年纪大了，胆小不敢出战，秦国人根本不怕他，秦国人最怕的是马服君赵奢的儿子赵括，等等。赵国国内流言纷纷，这些话最后传进了赵孝成王的耳朵里。赵孝成王求胜心切，他中了范雎的离间计，认为廉颇只会建筑堡垒却不敢应战，强行罢免了廉颇的军职，起用赵括为赵军主将，让他代替廉颇领军拒秦。

战国晚期云纹鼎

逞口舌纸上谈兵

赵括的父亲赵奢是赵国名将，他因善于用兵而著称。赵奢曾带领赵国军队在阏与（yù yǔ，赵国领地，在今山西和顺）之战中大破秦军，因战功被封为马服君，成为赵国位高权重的大臣，与

战国时期青铜弩机

狭路相逢勇者胜

赵惠文王时，秦国攻打赵国，将赵军围困在阏与。由于路途遥远，被围之地又狭窄险要，廉颇、乐乘等老将都认为难以救援，只有赵奢力排众议，认为阏与地势险要，两军相遇，犹如两只老鼠在穴中争斗，只要将士勇猛就可获胜。这就是“狭路相逢勇者胜”的出处。于是赵惠文王命赵奢领兵前去救援。赵奢出其不意，抢占有利地形，果然大败秦军。赵奢也由此成为赵国的著名将领。

战国至西汉初年玉剑琫

廉颇、蔺相如平起平坐。

赵奢的儿子赵括人称“马服子”，受父亲的影响，他从小就熟读兵法，能言善辩，喜欢谈论军事战略。有一次，他和父亲谈论排兵布阵的计策，他的父亲也没能难倒他。于是赵括扬扬自得，以为自己天下无敌。但赵奢对此却忧心忡忡。赵括的母亲问丈夫为何不看好自己的儿子，赵奢回答说：“带兵打仗，双方都想将对方置于死地，要想取胜绝非易事。然而，括儿却将战争视若儿戏，以为取胜易如反掌。以后赵国要是不让他带兵打仗也就罢了，若是让他带兵，那给赵军带来惨败的一定是他。我怎能不为此而忧虑呢！”

赵孝成王要任命赵括为将，换下廉颇，率赵军抵御秦军。此时蔺相如尚在病中，卧床不起。他得知此事，派人带话给赵孝成王，劝谏道：“大王仅凭他人之言和虚名就任用赵括，好比是胶柱鼓瑟啊。赵括只不过死记硬背他父亲写的一些兵书，从没真正带兵打过仗，也不懂战场形势灵活多变，万万不可贸然用他替换老将军啊。”

就连赵括的母亲也给赵孝成王上书，劝赵王不要让赵括为将。她说：“当年我嫁给赵奢的时候，他已经是将军。他将自己的俸禄与部将们共同享用，将大王赏赐下来的东西都分给部下。一旦领命接受了军事任务，就倾尽全力做准备，不过问家事，心无旁骛。现在赵括刚刚被大王任命为将军，就在官吏面前趾高气扬，把大王赏赐的金帛全都藏在家里，甚至开始盘算他日如何购买田地和宅院。父子天壤之别，希望大王不要派他领兵作战。他的父亲生前也是这个意见。”可赵孝成王主意已定，哪里会听赵括母亲的话。赵括的母亲

长平之战古战场遗址

只好向赵孝成王请求道："大王既然已经做出决定，若赵括带兵出现不如意的结果，希望您不要牵连到赵氏家族。"赵孝成王应允了赵括母亲的请求。

长平之战，全军覆没

赵括率领二十万大军，急速赶往长平。接替廉颇后，他遵照赵孝成王的意图，立即改变了廉颇的防御部署，还撤换了大批军官，改守为攻，在长平全线主动出击，向秦军发起进攻。范睢得知离间计发挥了作用，就与秦昭襄王商议，悄悄将秦将王龁换下，任命名将白起为秦军统帅。

针对赵括年轻气盛、急于求胜的弱点，白起在赵括的进攻下佯装战败，做出撤退的假象，引诱赵军脱离阵地。随后，白起另外派了一队人马悄悄绕到赵军后方，切断了赵军的退路，赵军被分割包围。赵括的军队粮道补给被断，在包围圈中苦苦等待救援。然而留守在阵地里的赵军也被秦军围困，无法赶来支援。消息传回邯郸，赵孝成王派国内兵力赶来支援。可秦昭襄王亲自赶赴河内郡（治今河南武陟西南），征集郡内所有十五岁以上的男丁出征，彻底切断了赵国的粮道和援军的来路。赵括和部下被困长达四十六天，早已无粮可吃，军心开始涣散。不得已之下，赵括派出四路精锐，并亲自率领其中一路，强行突围，但最终没能突围成功。赵括被秦军射杀，冯亭也自杀身亡。赵军失去主帅，四十万士兵只得投降，随后被秦军悉数坑杀。

长平之战后，赵国元气大伤，军队精锐损失殆尽，从此一蹶不振，再也无力与秦国抗衡。

（商国君）

秦始皇陵兵马俑中的秦军石质铠甲

战国四公子

面对秦国的步步紧逼，战国四公子蓄养门客，运筹帷幄，穿梭于列国之间。虽然四公子没能扭转秦国统一的大势，但他们叱咤风云的故事，千百年来一直流传下来，经久不衰。

聚英才礼贤下士

战国四公子，又称战国四君子，他们分别是魏国的信陵君魏无忌、齐国的孟尝君田文、赵国的平原君赵胜和楚国的春申君黄歇。战国四公子生活于战火连绵的战国末期，当时秦国步步扩张，对各诸侯国虎视眈眈。为了抵御秦国，战国四公子使出了浑身解数。

战国四公子身份贵重，不是诸侯的公子就是贵族，他们在各自的国家都身居高位，权倾朝野，不仅有自己的封邑，还富可敌国。四公子不惜代价豢养门客，门下汇聚了一大批人才。

古今中外，人才始终是赢得竞争的重要因素。战国时代的人才，主要来自“士人”。所谓得士者存，失士者亡，各诸侯国从国君到权臣，盛行重士、用士、养士的风气。士人是个极为复杂、庞大的群体，包括侠士、文士、隐士、高士、游士、术士，等等。他们大多是有理想、有信仰、有追求的知识分子，也有一些有一技之长的自由职业者。正是在这些士人的辅佐下，各国成功地进行了一系列改革。权臣们则通过士人扶危解困，谱写出壮丽的篇章。战国四公子就是权臣养士的代表。

凭借雄厚的经济实力，齐国的孟尝君在自己的封邑薛（今山东滕州东南）蓄养了数千门客。对前来追随自己的门客，孟尝君不分贵贱，来者不拒，连逃亡的罪犯和鸡鸣狗盗之徒也收在门下。

魏国的信陵君魏无忌是魏安釐（xī）王的异母弟，他也以礼贤下士而闻名。信陵君为人仁爱，

［清］吴历《魏信陵君夷门访贤》

魏国的信陵君魏无忌十分重视人才，家里有门客三千。他听说大梁夷门的守门小吏侯嬴是个贤能的人，便在大宴宾客的时候，坐着马车，空出最尊贵的左位，亲自到夷门去接侯嬴。信陵君的诚心终于感动了侯嬴，后来信陵君窃符救赵，正是侯嬴出的主意。此图画的便是信陵君在夷门拜请侯嬴的场景。

对前来拜访的宾客以礼相待，各地士人争相归附，以至于信陵君门下汇聚了三千门客。各诸侯国听闻信陵君的贤明，顾忌他的门客，多年不敢攻打魏国。

通过广布天下的门客，信陵君构建起快捷的情报网，他搜集到的情报竟然比诸侯王还要迅速、准确。

一天，信陵君正和魏安釐王下棋，突然有消息传来，说赵国大举来犯，已经进入魏国边境。魏安釐王听了消息，马上准备召集大臣商议。这时信陵君阻止道："赵王只是外出打猎，并不是入侵我国。"没多久，果然又有消息传来，说赵王只是外出打猎罢了。

魏安釐王大惊，问道："公子是怎么知道的呢？"信陵君回答说："我的门客里有很了解赵王那边情况的人，赵王干了什么，他都会禀报给臣，所以我早就知道了此事。"

战国四公子个个热衷于养士，门下都有数千门客。在这些门客的帮助下，四公子殚精竭虑，辅国持权，他们既相互较量，又彼此帮助，在战国末年上演了一幕幕令人目不暇接的精彩剧目。

汉代彩绘陶六博俑

六博，又作"陆博"，是一种古代的博戏，战国时已开始流行。两人相博，每人六棋，因此得名。

鸡鸣狗盗

秦昭襄王求贤若渴，听闻孟尝君的美名，想请他到秦国做丞相。孟尝君应邀来到秦国后，秦王又反悔了，他把孟尝君软禁起来，准备处死他。

孟尝君和门客商量如何逃离秦国，门客给他出主意，找秦昭襄王的宠姬帮忙。宠姬听说孟尝君有件价值千金的白狐裘，想要以此作为交换。怎奈孟尝君之前已把这件白狐裘送给了秦王。这时，孟尝君门下有个不起眼的人站出来，说他能取得白狐裘。原来那人是小偷出身，他深夜潜入秦宫仓库，果然把白狐裘偷了回来。得到狐裘的宠姬替孟尝君做说客，在她的软磨硬泡下，秦昭襄王放了孟尝君。

孟尝君立刻带着门客快马加鞭逃离秦都，半夜时分来到函谷关。按规定，关口要到鸡鸣之时才能开启。正在孟尝君焦急万分时，他门下又有个善于模仿鸡叫的人站了出来。他一学鸡鸣，其他的鸡也一齐鸣叫起来，于是孟尝君一行人得以顺利出关。多亏了这两个平时不起眼、擅长模仿"鸡鸣狗盗"的家伙，孟尝君才能逃出秦国，虎口脱险。成语"鸡鸣狗盗"就出自这个故事。

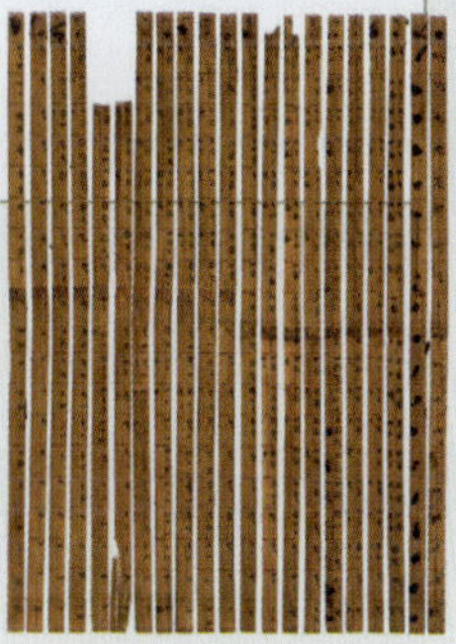

清华简

清华简大约成书于战国中晚期，是了解和研究先秦历史、文化、政治思想的珍贵材料。

施谋略出奇制胜

长平之战后，赵国实力大不如前。周赧王五十六年（前259年），秦昭襄王借口赵国违约，派王陵（后由王龁接替）率军围攻赵都邯郸。赵国军民虽然同仇敌忾，坚守城池，但时间久了，越来越难以抵挡秦国的攻势。战事日紧，赵孝成王于是派平原君向魏国和楚国寻求救援。

平原君派人到魏国求援，自己则赶往楚国。魏安釐王接到求援的讯息，派将军晋鄙率十万大军前去救赵。秦国得知后威胁魏国，如果出兵援助

虎符

虎符是古代帝王用来调兵遣将用的兵符，通常以青铜或黄金制作，样子就像只趴着的老虎，背部刻有铭文。虎符分为两半，一半交由统兵的将帅，一半由帝王保存。只有两半虎符合验无误，持符者才能调动军队。

战国晚期秦国兵符“杜虎符”

赵国，等打败赵国后，就要攻打援助赵国的魏国。魏安釐王惊恐万分，连忙派人阻止晋鄙进军，魏军于是驻扎在邺城（今河北临漳）作壁上观。

信陵君得知魏军停止前进的消息，非常着急，多次恳请魏安釐王赶快下令进军救赵。魏安釐王因为畏惧秦国，始终不肯答应。信陵君无奈之下只得铤而走险，他约请门客，凑了一百多辆战车，准备和秦军拼死奋战，与赵国共存亡。

信陵君带着车队出发，经过夷门（魏都大梁城东门，在今河南开封城东北隅）时，遇到看守城门的小吏侯嬴。侯嬴对信陵君说：“大人带着您的门客去和秦国拼命，不过是羊入虎口，白白送死啊！当年大人派人给大王最宠爱的如姬报了杀父之仇，她对您非常感激。您只要请她帮忙把大王的虎符偷出来，夺了晋鄙将军的兵权，就可以援救赵国了。”

信陵君听了侯嬴的计策，果然从如姬那里拿到了虎符。为了防备晋鄙不肯交出兵权，侯嬴又请信陵君带上力士朱亥，以备不时之需。

战国时期楚国铜鼓

信陵君带着门客和朱亥来到魏军驻地，告诉晋鄙：“大王特地派我前来接替将军。”说着就拿出虎符让人核验。虽然虎符合符无误，但晋鄙还是有所顾虑，不肯交出兵权。说时迟，那时快，只见力士朱亥突然举起四十斤的铁椎，杀死了晋鄙。信陵君夺得军权，立即重新编排队伍，从中挑选出八万精兵，前去解救赵国。

再说平原君赵胜，为了前往楚国求援，他计划挑选二十名文武双全的门客随行。选来选去，他只选出十九人，凑不足二十人。正当平原君着急的时候，门客中有个叫毛遂的人主动自荐，希望能一同前往楚国。

平原君心想，毛遂在自己门下已经待了三年，那么长时间都没有展露出才华，看起来不像个有本事的人，并不想带上他。但他最终被毛遂的口才和胆量折服，就准许他一同前往楚国。

到了楚国，平原君与楚考烈王商谈合纵抗秦的大事。任凭平原君怎么劝说，楚考烈王就是不同意发兵援赵。站在殿外的毛遂按捺不住，一边按剑一边冲上前去，当着楚考烈王的面冲平原君说道："合纵的重要性几句话就能说清，公子为何从清晨说到中午？"

楚考烈王怒斥毛遂，想赶他下去，但毛遂毫不畏惧，他对楚考烈王说："大王之所以敢斥责我，无非是仗着楚国人多势众。但如今十步之内，大王的性命掌握在我毛遂手里，您的人再多也没用。"他又接着说，"楚国方圆五千里，有百万大军，本应是天下无敌的大国。结果当年白起领着几万兵马就攻破了楚国都城，烧毁楚陵，侮辱楚国先王。如此奇耻大辱，连我们赵国都为您感到羞愧。大王以为，我们这次前来合纵，只是为了赵国吗？"

楚考烈王听了毛遂的一席话，羞愧得无地自容，连连点头称是。他终于决定派兵援救赵国，并与平原君歃血为盟，合纵盟约就此订立。

平原君与楚国合纵成功后返回赵国，他诚恳地向毛遂致以歉意，又采纳门客的建议，散尽家财，组织起一支三千人的敢死队。他和家人一起，主动出击，进攻秦军，迫使秦军后退三十里。不久，楚、魏两国的援军赶到邯郸，与赵国军队内外夹击，秦军大败，邯郸得以保全。

叹英雄难逃末路

战国四公子生活在战国末期这个动荡的时代，面对波诡云谲、尔虞我诈的权力斗争，他们一度呼风唤雨，改变了历史的走向。但随着秦国扩张的步伐加快，四公子最终都不可避免地走向悲剧，令人叹息。

魏国的信陵君，在四公子中以忠肝义胆、侠义心肠闻名，正是这份侠义，促使信陵君窃符救赵，矫杀晋鄙。虽然他于危亡之中拯救了赵国，却因违背魏王的君命而有国难回，客居赵国长达十年之久。

秦国得知信陵君客居赵国，再没了忌惮，三番五次攻打魏国。魏安釐王忧虑万分，只好派人迎请信陵君回国。信陵君回到魏国，魏安釐王授予他上将军之职，命他率军抗秦。信陵君派人向各国求援，各国诸侯得知

战国楚鄂君启错金青铜节

侠客行

［唐］李白

赵客缦胡缨，吴钩霜雪明。
银鞍照白马，飒沓如流星。
十步杀一人，千里不留行。
事了拂衣去，深藏身与名。
闲过信陵饮，脱剑膝前横。
将炙啖朱亥，持觞劝侯嬴。
三杯吐然诺，五岳倒为轻。
眼花耳热后，意气素霓生。
救赵挥金槌，邯郸先震惊。
千秋二壮士，烜赫大梁城。
纵死侠骨香，不惭世上英。
谁能书阁下，白首太玄经。

周朝的覆灭

战国初年，周朝日渐衰微。周考王将自己的弟弟分封在河南城（今河南洛阳西），史称西周国。到周显王时，他又将公子根分封在巩（今河南巩义西南），史称东周国。周天子自己则辗转于西周国和东周国之间。周赧王末年，楚国为了抑制秦国势力的发展，派使者请周赧王以天子的名义，号令各国攻打秦国。周赧王以为这是复兴周朝的绝佳机会，向国内的富人举债征兵，以西周公为大将，准备会同六国大军，一举击败秦国。结果六国之中，只有楚国和燕国派来了一些兵马，联军最终无功而返。

周军回国后，那些筹钱资助联军的富人一同向周赧王逼债，周赧王被逼无奈，只得躲在高台之上。不久，复仇的秦军杀向西周国，周赧王在忧愤之中去世，延续了近八百年的周朝正式灭亡，这一年是周赧王五十九年（前256年）。次年，秦军攻灭了西周国，几年后又灭亡了东周国，此时距离秦国统一六国已经不远了。

战国贵族佩戴的玉璜

信陵君成为魏军主帅，纷纷带兵前来救魏。魏安釐王三十年（前247年），信陵君率五国联军大败秦将蒙骜，并乘胜追击至函谷关，令秦军不敢出关。经此一战，信陵君威震天下。

秦昭襄王去世后，其子秦孝文王服丧期满，正式即位仅三天就突然去世，太子异人即位为秦庄襄王。他对五国联军深感恐惧，于是采用离间计，命人四处散布谣言，说信陵君有野心，欲将魏王取而代之。信陵君有口难辩，只得称病不朝，从此在家中与宾客长饮不休，沉溺于歌舞声色之中，以此纾解壮志难酬的无限苦闷。几年之后，一代英豪信陵君饮恨辞世。

孟尝君在齐国的权势越来越大，后因齐国贵族田甲劫持齐湣王事件，孟尝君逃到魏国，做了魏国相国。他竟联合秦、赵等国一起攻破齐国。齐湣王逃亡到莒（今山东莒县），并死在了那里。

后来齐襄王在田单的帮助下复国，孟尝君退居自己的封地薛。孟尝君死后，他的几个儿子争夺薛公之位，齐国和魏国趁机联合，共同攻占了薛地。孟尝君的后人死的死，逃的逃，一代枭雄最终后继无人。

赵国的平原君虽然为赵国竭尽忠诚，但他利令智昏，听信冯亭之言，贪图韩国的上党郡，招致秦国大兵压境。作为赵国的主政者，平原君误中秦国的离间计，撤下老将廉颇，换上夸夸其谈的赵括，最终使赵国在长平之战中遭受惨败，精锐兵力损失殆尽，从此一蹶不振。平原君去世后，他的爵位由子孙继承，他的家族也随赵国的灭亡而消亡。

楚国的春申君深得楚考烈王信任，辅国掌权数十年，位极人臣。楚考烈王一直没有儿子，春申君为此感到忧虑，他怕楚考烈王死后，继承者会对自己不利。这时有个叫李园的赵国人来到楚国，打算把自己的妹妹进献给楚考烈王。李园听说楚考烈王一直没有儿子，而春申君是楚国的权臣，于是就转投春申君门下，把妹妹献给了春申君。

李园的妹妹怀了春申君的孩子，她劝春申君把自己献给楚考烈王，这样在楚王死后，自己与春申君的儿子便可继位。春申君听信这一计策，把李园的妹妹进献给楚王。李姬进宫后，果然生下了一个儿子，被楚王立为太子。李园为独揽大权，暗地里豢养杀手，待楚考烈王一死，便寻机杀死了春申君，春申君的家人也被满门抄斩。

（商国君）

战国晚期镶嵌云纹敦

奇货可居

一个经营奇货的商人，摇身一变，成了一名远见卓识的政治家。作为政治家，最后却以一本著作留名青史，惠及后世，这就是吕不韦的传奇人生。

结识秦国质子异人

异人是秦昭襄王的太子安国君之子，渑池之会时，秦昭襄王将自己的孙子异人送去赵国当了质子。当时诸侯之间为了增强信任，往往互送“质子”到对方的国家，而做质子的一般都是不得宠的庶出子孙，异人就属于这一类人。他不是安国君的嫡子，本来就不怎么受重视，去赵国做人质，等于是被秦国抛弃的牺牲品。而秦国和赵国之间由于长平之战结下了很深的仇怨，赵国也不太待见他。因此，他在赵国的日子很难过，日常的车马出行、日用的财物都严重不足，生活困顿，十分窘迫。就在这时，他在赵国都城邯郸遇见了自己的贵人——吕不韦。

战国彩绘龙凤纹漆盾

吕不韦是卫国濮阳（今河南濮阳西南）人，本来在阳翟（今河南禹州）做生意。由于他善于经营，又不辞辛苦，穿梭往来于各地，果断抓住商机低买高卖，财富日积月累，逐渐成为富甲一方的大商人。但吕不韦不甘心只做一名成功的商人，眼前觥筹交错、看似豪华的生活，实际上却充满艰辛，整日里曲意逢迎，漂泊不定。他希望有机会能够一展鸿鹄之志，匡时济世，实现自己的远大理想。

在这种情形下，吕不韦见到异人，顿时心中暗喜，觉得“奇货可居”。按捺不住内心的喜悦之情，吕不韦决意通过帮助异人，来实现自己的理想和抱负。

吕不韦前去拜访异人。他开门见山地说：“我能够光大您的门庭，让您飞黄腾达！”落魄潦倒的异人只当他是在开玩笑，说道：“您还是先光大您自己的门庭，再来拉我一把吧。”面对异人的拒绝，吕不韦坦诚地说：“您不知道，只有您飞黄腾达了，我才能飞黄腾达。”言及于此，异人已经心知肚明，于是二人深入交谈起来。

吕不韦说：“秦王年事已高，太子安国君宠爱华阳夫人，然而华阳夫人却没有自己的儿子。安国君有二十多个儿子，

吕不韦画像

您排行居中，又不受重视，长期在诸侯国做质子，如此一来，即使安国君有朝一日继位为王，您也没什么机会去争太子。”异人听得心里一动，忙追问道：“那么如何是好呢？”吕不韦不慌不忙地回答：“能够确立嫡嗣的人，只有华阳夫人。在下虽不富裕，但愿意拿出千金，替您去秦国游说，使华阳夫人助您成为嫡嗣。”异人喜出望外，连忙许诺：“若是像您筹划的那样，事成之后我必定和您共享荣华富贵。”

吕不韦拿出五百金交给异人，让他在赵国广交宾客，扩大自己的影响。将异人这边安排妥当，吕不韦随即又拿出五百金购置了各种奇珍异宝，亲自前去秦国游说。

战国青釉弦纹把杯

欲胜人者必先自胜，欲论人者必先自论，欲知人者必先自知。

——《吕氏春秋》

游说华阳夫人

吕不韦来到秦国，经过四处打点，见到了华阳夫人的姐姐。吕不韦以异人的名义，将带来的奇珍异宝一部分送给华阳夫人的姐姐，其余的都托她转送给华阳夫人。华阳夫人的姐姐收了礼物十分高兴，吕不韦趁机对她提起了异人的贤德与才能。他说：“异人素有贤德之名，结交的宾客遍及天下。他一直将华阳夫人奉为自己的亲生母亲，虽然身处赵国，却对太子和夫人日思夜想。”吕不韦与华阳夫人的姐姐聊得很融洽，于是他趁热打铁，话题一转，开始劝说华阳夫人的姐姐：“以美色侍奉人终归不是长久之计，随着姿色衰减，宠爱也必然会随之衰减。现在，华阳夫人虽然很受太子宠爱，但她没有儿子。不如趁着太子宠爱她，在太子的众多儿子中寻找一个贤德、孝顺的人认作嫡子并推举为继承人。这样一来，太子在的时候夫人享有荣华富贵；若太子去世，认养的这个嫡子继承了君位，夫人依然可以保有尊荣富贵。如今异人贤德孝顺，他诚心想要将夫人认作母亲。夫人要是在这时提拔他，帮助他成为嫡嗣，那么，日后他若继承王位，夫人就终身享有荣华富贵了。”

华阳夫人的姐姐认为吕不韦说得很有道理，她寻机进宫，向华阳夫人转述了吕不韦的话。这些话一下子就打动了华阳夫人，没有子嗣的她深以为然。她开始在太子安国君的耳边不断说异人的好话，时间长了，安国君慢慢也觉得作为质子身处赵国的异人是一个贤德孝顺的孩子。一天，华阳夫人瞅准机会，对太子哭诉道：“贱妾有幸得宠于后宫，不幸无子，希望能认异人为儿子，并扶立他为嫡嗣，以后贱妾老了也好有人照顾。”安国君答应了她的请求，并刻了玉符作为凭证。

虎口脱险，封侯拜相

吕不韦返回赵国，在他的尽心帮扶下，异人在诸侯之中逐渐开始建立起声望。吕不韦有一个貌美的姬妾很擅长舞蹈，一天，异人在吕不韦家饮酒，一眼就看中了这名舞姬，于是吕不韦就把这名舞姬送给了异人。异人对她很是宠爱，十个月后，这名舞姬给异人生下了一名男婴，异人便立她为夫人。这名男婴因为是正月出生的，异人就给他取名为“正”，后来改为“政”，他就是历史上鼎鼎大名的秦始皇嬴政（嬴是秦国的国姓）。

吕不韦和异人计划逃回秦国，并加快了准备的步伐。可就在这时，发生了一件危急的事情。周赧王五十八年（前257年），秦国派大将王龁替换王陵，率军围攻邯郸。情势危急之中，赵国想要杀死秦国的人质异人。吕不韦得到消息，赶紧与异人商议，用六百金贿赂了守城门的小吏，他们二人侥幸逃脱出城。出城后，异人和吕不韦辗转秘密逃到围城的秦军中，最终得以顺利回到秦国。异人的夫人和孩子则滞留在赵国，他们想办法隐匿下来，才没有被赵王杀死。

异人回到秦国后，吕不韦让他穿上楚国的衣服，学说楚国话，以此来讨好华阳夫人。原来，华阳夫人是楚国人。思念家乡的华阳夫人看到身穿楚国服饰的异人果然十分高兴，给他改名为子楚。后来，秦昭襄王去世，太子安国君继任秦王，他就是秦孝文王。华阳夫人当上了王后，她又想方设法让秦孝文王立子楚为太子。赵国随后不久也派人护送子楚的夫人及儿子嬴政回到秦国。

没想到秦孝文王服孝期满正式即位后，仅仅过了三天就去世了。于是，太子子楚顺理成章地继承了王位，他就是秦庄襄王。秦庄襄王即位后，任命吕不韦为丞相，封为文信侯，食邑洛阳十万户。

战国鸟形四钮黄衣陶钫

不知而自以为知，百祸之宗也。

——《吕氏春秋》

大展拳脚，匡时济世

吕不韦终于实现了“奇货可居”的目标，而他借助子楚，也获得了施展政治才华的舞台。满怀雄心壮志的吕不韦，准备在群雄逐鹿中大展身手，成就一番匡时济世的丰功伟业。秦庄襄王即位三年后去世，太子嬴政继位为秦王（前246年），吕不韦继续担任丞相，秦王政尊称他为“仲父”。吕不韦从秦庄襄王时担任丞相，到秦王政十年（前237年）被罢免，担任秦国丞相十多年。在此期间，吕不韦率领秦国军民，与东方六国文智武斗，取得了辉煌战果，为秦国吞并东方六国、统一天下，奠定了稳固的基础。

吕不韦执政期间，对内，在秦国实行了一系列有力措施，兴修水利，鼓励农耕，开采矿山，冶炼兵器。秦国的政治、经济、军事实力变得越来越强大。对外，他继续采取范雎定下的“远交近攻”的策略，不但攻取了建都在巩的东周国，还带兵夺取了韩、赵、魏三国的大量土地，设立了东郡。这样一来，秦国截断了燕、赵与韩、魏及楚国的联系，六国再想要合纵攻打秦国就很难了。

随着秦军的节节胜利，东方各国深感惶恐。

秦王政六年，在赵国庞煖（xuān）的组织下，韩、赵、魏、楚、燕五国合纵伐秦的队伍又拉了起来。五国联军绕过函谷关，直接进攻秦国的都城咸阳。吕不韦分析了抗秦联军的弱点，决定从楚国入手，各个击破。楚国的春申君得知这一消息后，率领楚军临阵脱逃，抗秦联军军心涣散，很快就被秦军打败了。这也是东方诸国最后一次合纵抗秦，从此之后，东方诸国再也无力与秦国抗衡。在这次战役中，吕不韦还培养出了两位将军，就是后来在统一六国战争中发挥了重要作用的王翦、李信。

聚英才修书，“一字千金”

吕不韦没有止步于眼前的功绩，而是放眼未来，预先筹谋。当时，魏有信陵君，赵有平原君，楚有春申君，齐有孟尝君，号称“四公子”。他们礼贤下士，招揽宾客，豢养的门客多达上千人。吕不韦也凭借雄厚的经济实力，招揽天下士人，门下食客多达三千人，其中不乏后来在历史上大放异彩的名士，如甘罗、李斯等人，都曾是吕不韦的门客。

此时，秦国兼并六国、统一天下的趋势已经明朗，吕不韦作为一位有远见卓识的政治家，觉得有必要为即将一统天下的秦国，提供一种适应新的历史转型阶段的治国理论。为此，他令门下食客汇集了儒、道、墨、法、名、农、阴阳、兵等“百家”学说，编撰而成《吕氏春秋》一书。《吕氏春秋》又称《吕览》，包含“十二纪”“八览”“六论”。全书体例一致，组织严密，记载了大量先秦诸子的旧闻佚说、历史故事和传说，具有很高的史料价值。

吕不韦主持编撰《吕氏春秋》，很是花了一番功夫。他认为此书内容已经十分完备，为了检验这一集体成果，为了精益求精，同时也是为了增强这部书的权威性，吕不韦命人把这部书刻在巨大的竹简上，然后将竹简悬挂在都城咸阳的城门上，并在旁边悬挂千金，贴出告示说：“各方人士，如果有人能对书的内容增加一个字或者减少一个字的，就赏赐千金。”这就是成语“一字千金”的由来。结果，没有一个人能对《吕氏春秋》增加或删改。这当然不排除人们惧怕吕不韦权势的因素，但也从另一方面证明了《吕氏春秋》的确是一部文字精练、体例严谨、内容丰富的书。

作为“杂家”的代表作，《吕氏春秋》汇集了先秦诸子百家思想，对秦汉时期中国文化的整合发挥了重要作用，也对后世产生了深远的影响。

（商国君）

“右丞相印”封泥

吕不韦执政期间东方诸国两次合纵攻秦

秦庄襄王三年（前247年），秦国加紧进攻魏国，信陵君魏无忌为了救援魏国，振臂一呼，扯起了山东诸侯合纵抗秦的大旗。凭借高超的军事才能，信陵君把秦将蒙骜打得节节败退，秦军一直败退到了函谷关。吕不韦等人对魏国巧施离间计，使信陵君被魏安釐王猜忌。信陵君被逼无奈，以歌酒声色自娱，制造自己沉迷酒色的假象，四年后饮恨而终。

另一次就是本文中提到的秦王政六年由赵国庞煖组织的五国联军合纵伐秦，也以失败告终。

战国龙形玉佩

李冰修建都江堰

李冰是中国古代著名的水利专家，由他主持修建的都江堰被誉为“世界水利文化的鼻祖”。虽然它修建于两千多年前的战国时期，但至今仍在发挥不可替代的作用，创造了举世闻名的水利工程奇迹。2000年，都江堰被联合国教科文组织列入“世界文化遗产”名录。

巴蜀归秦，李冰上任

今天的四川、重庆一带，古称巴蜀，在春秋、战国之前，与中原王朝联系不多，一直默默发展，孕育了神秘的巴蜀文化。巴与蜀是两个古国，今天的成都一带是古代蜀人活动的中心，重庆一带则是古代巴人的活动中心。

战国时期，巴国和蜀国互相攻伐，打得不可开交。周慎靓王五年（前316年），巴、蜀两国相争，巴国向秦国求救。这时秦国的国君是秦惠文王，他一直觊觎蜀地，便决定将计就计。秦惠文王任命司马错为将，率领浩浩荡荡的大军翻越秦岭，开进了这片区域。秦军打败了蜀国，蜀王和太子阵亡，蜀国由此灭亡。秦军接着向东，以摧枯拉朽之势又消灭了巴国，从此巴蜀之地便为秦国所有。

都江堰伏龙观内的李冰石像

此像于1974年在都江堰附近施工时被发现，据考证，为东汉时代作品。石像高约2.9米，重约4吨，造型简洁朴素，宽衣重袖，手置胸前，气魄宏大。石像两臂及胸前衣襟上有铭文三行，其中胸前刻字“故蜀郡李府君讳冰”。这尊石像的出土，证明史书记载李冰组织百姓修建都江堰的历史是完全可信的。

战国时期巴国兽面纹戈

蜀地的重心是成都平原，这里土地平坦，沃野千里，很适宜发展农业。但当时的成都平原存在一个很大的问题——水旱灾害频发。平原的西侧有岷江，发源于北部山区，雨水多的年份江水泛滥成灾，淹没两岸的村庄和田地，形成一片汪洋；干旱的年份，则赤地千里。由于没有水利设施，岷江的水无法用来灌溉，老百姓只能看着滔滔江水白白流走。

大约在秦昭襄王后期，秦国为蜀地派来了新任郡守——李冰。李冰是著名的水利工程专家，秦昭襄王让他来当蜀地的郡守，显然是希望李冰能发挥自己的长处，彻底治理成都平原的水旱灾害。

打通玉垒山，开凿宝瓶口

要解决成都平原的水旱问题，李冰首先想到的是在平原上广修渠道，一则可以用来灌溉，二来也可以泄洪。问题是，渠道的引水点应该设在岷江的哪个位置呢？李冰花了很长时间思考这个问题。为了寻找合适的地点，李冰带着他的儿子李二郎对岷江流域进行了全面考察。他们多次深入高山密林，掌握了丰富的一手资料，最终，李冰将引水点选定在成都西北方的灌县（今四川都江堰）。

灌县是岷江从山区到平原的过渡地带。岷江在上游山谷中水流湍急，到了灌县附近，逐渐开阔起来，河道一马平川，很容易冲垮堤岸。而从上游挟带来的大量泥沙淤积在这里，使河床不断抬高。灌县西南面有一座玉垒山，挡住了江水东流的道路，因此每到夏季，玉垒山的东西两侧，往往是“两重天”：西边江水滔滔，时常发生水灾；而东边却常常干旱缺水。

要想将岷江水引至成都平原，就必须凿开玉垒山，但在当时的技术条件下，这无异于痴人说梦。据说，李冰在盯着小火炉的火焰时找到了解决办法。他先让民工们在山体的石壁旁堆积木材，然后点燃木材，熊熊的烈火把山体岩石烤得滚烫。他再命人取来冰冷的江水浇在上面，在冷热的急剧变化中，岩石爆裂破碎。此时再去开凿山体，就容易多了。经过不懈的努力，李冰带领民工终于在玉垒山上开凿了一个宽约20米的口子，后人称之为“宝瓶口”。

兽面纹缶

“五丁开山”的神话故事

话说秦王想吞灭蜀国，但是蜀国地势险要，一夫当关，万夫莫开，军队不容易通过。狡猾的秦王便想出一条妙计：他叫人做了五头石牛，每天在石牛屁股后面摆上一堆金子，谎称石牛是金牛，每天能拉一堆金子。

秦王让人把这个消息散布到蜀国，贪婪的蜀王听到这个消息，想要得到金牛，便托人向秦王索求。秦王知道蜀王中计了，便一口答应下来。但是“金牛”很重，怎么搬取呢？当时蜀国有五个大力士，力大无比，人称五丁力士。蜀王就叫他们去凿山开路，然后把金牛拉回来。五丁力士大展神威，开辟出一条山路，拉回了那些所谓的“金牛”。等回到蜀国，蜀王才发现运回来的不过是石牛，自己上当受骗了。

没过多久，秦国的军队就沿着五个大力士开辟的道路打过来，灭了蜀国。

战国时期巴国青铜剑

战国时期楚国彩漆木雕小座屏

鱼嘴堰分水，飞沙堰排水

宝瓶口修好后，接下来李冰要在江心修筑一座分水堰，以引导一部分江水流向宝瓶口。但这也不是一件容易的事。由于江水太急，他们把石块投到江中，石块一下子就被水冲走了。该怎么办呢？李冰又想到了一个好办法，他让民工编织了许多大型竹笼，里面填满石头，然后再把竹笼放到江水中。竹笼体量大，果然抵御住了江水的冲击。就这样，一个竹笼压着一个竹笼，分水堰就这么建起来了。由于堤堰的前端形状好似鱼嘴，人们便称之为"鱼嘴堰"。

鱼嘴堰把岷江分为东西两股，西股叫外江，是岷江的正流；东股叫内江，是灌溉渠系的总干渠，渠首就是宝瓶口。李冰还规划、修建了许多大小沟渠连接宝瓶口，这些沟渠像蛛网一样密布在成都平原上，形成了一个纵横交错的扇形水网。

此时，李冰的任务还没有完成——从旱季到雨季水量波动太大的问题还没有解决。为此，李冰又发挥了天才般的创意，他带领民工在鱼嘴堰的尾部，修建了分洪用的平水槽和"飞沙堰"溢洪道，把内江和外江连在一起。这样一来，如果夏季岷江出现洪流，内江水位高过飞沙堰，水就会通过溢洪道从内江流入外江，溢过去的水也会把大部分泥沙带走，避免了泥沙在宝瓶口内淤积。而到了枯水期，水量减少，内江水面在溢洪道以下，大部分江水都会留在内江，通过宝瓶口流入

都江堰宝瓶口

左侧水道是宝瓶口，右侧山体是离堆。

都江堰鱼嘴堰

各个引水渠，保障了成都平原的灌溉之需。

鱼嘴堰、宝瓶口、飞沙堰共同构成了都江堰的主体工程。李冰通过这种精妙缜密的工程设计，将岷江水一分为二，一部分江水被引流到玉垒山的东侧，成都平原彻底摆脱了水、旱之忧。从此，成都平原成为“沃野千里”的富庶之地，获得了“天府之国”的美称。

除都江堰外，李冰在蜀地还主持兴办了其他水利工程。例如，在沫水（今大渡河，是岷江最大的支流），李冰组织百姓开凿河心中的山岩，整理水道，便利了航行。他还对汶井江（今四川崇州西河）、洛水（今四川广汉境内沱江的源头之一）等河流进行过疏导，在广都（今四川成都双流区）主持开凿了盐井。这些都为开发成都平原、发展农业生产做出了重大的贡献。

由于李冰一心为百姓谋福利，千百年来他一直受到人民的崇敬，被尊称为“川主”。四川各地还建有“川主祠”，表达了百姓对他的怀念。（何昭旭）

都江堰历久不衰的原因

都江堰是世界上唯一拥有两千多年历史并至今仍在发挥重要作用的古代水利工程。除了它的三大主体工程鱼嘴堰、宝瓶口、飞沙堰设计精妙，规划合理，能最大程度互相配合外，重视工程管理，严格执行岁修制度，也是都江堰历久不衰的重要原因。

所谓“岁修”，是指每年都要对内江和外江清理一次淤泥。根据记载，早在一千四百多年前，人们就总结出了岁修的原则：“深淘滩，低作堰”。“深淘滩”是说淘挖淤积在江底的泥沙要深些，以免内江水量过小，不足灌溉之用；“低作堰”是说飞沙堰堰顶不可修筑太高，以免洪水季节泄洪不畅，为害成都平原。此外还有“遇弯截角，逢正抽心”的八字治水方针，这些都是我国古代劳动人民智慧的结晶。

都江堰今景

李斯与《谏逐客书》

赫赫有名的秦国丞相李斯原本是楚国的小吏，但他心怀大志，跟随荀子学习帝王之术后来到秦国，谋求更大的发展。然而秦王政的“逐客令”让他的仕途毁于一旦，李斯写下了著名的《谏逐客书》，不但拯救了自己的命运，更助秦王统一了六国。

立志出人头地

李斯原本是楚国上蔡（今河南上蔡）人，他年轻的时候曾在郡里担任低级小吏。有一次，他看到厕所里的老鼠在吃脏东西，一旦有人来，老鼠便立刻慌不择路地逃离。后来，他偶然去粮仓，又看到粮仓中的老鼠吃着堆积如山的粟米，住在宽敞的大屋子里，悠然自得，看到李斯来了，根本不怕他。李斯不由发出感叹：“一个人有没有出息，全看他处在什么样的环境里了。”

在老鼠的启发下，李斯立志要干出一番事业来。他辞去了这个没什么前途的职位，到齐国的稷下学宫求学，师从荀子，学习治理天下的“帝王之术”。学成之后，李斯首先考虑的是，应该到哪个国家去，才能更好地发挥自己的才能呢？他思来想去，认为只有西面的秦国，发展势头迅猛，有可能统一天下。于是，李斯准备西行去秦国闯一闯，以实现自己的理想和抱负。临行前，李斯向老师荀子辞行，并且说了这样一番话：“一个人若遇到机会，千万不可懈怠错过。如今各诸侯国都很重视人才，而秦王想要吞并东方各国，统一天下，这正是普通游说之士纵横驰骋的好机会。人最大的耻辱莫过于卑贱，最大的悲哀莫过于贫穷。我前来跟您辞行，要到秦国去谋求更大的发展。”

李斯雕像

初出茅庐辅佐帝王

李斯拜别了荀子，来到秦国，正赶上秦庄襄王去世。当时秦国最有权势的人就是丞相吕不韦了。于是李斯主动请求投入吕不韦门下，当了他的门客。吕不韦很欣赏他的才华，任命他为郎官（君王的侍从近官）。这样李斯就有了接近秦王政的机会。

一天，李斯瞅准机会，对秦王政说道：“平庸而犹豫的人，往往失去时机，成就大功业的人就在于他能利用机会并能下定决心。从前秦穆公虽称霸天下，但最终没有吞并其他国家，统一天下，这是为什么呢？原因在于时机未到。当时诸侯各国的实力尚强，而周朝的威望也没有衰落，因此五个霸主国交替兴起，还都打着尊崇周天子的旗号。自秦孝公以来，周朝越来越衰微，诸侯国之间互相兼并，目前函谷关以东的地区分化为六个诸侯国。而秦国的实力越来越强大，其他的国家都听秦国的。以秦国的强大、大王的贤明，扫平诸侯，成就帝业，统一天下，就像扫除灶上的灰尘一样轻松。这是一个万世难逢的好时机，倘若现在不抓住机会，等到诸侯国再度强盛起来，再想吞并他们就很困难了。”

这番话可算是说到了秦王政的心坎里，一下就打动了他。于是秦王政任命李斯为长史，并听从他的计谋，暗中派遣谋士带着金银珍宝去各国游说。对各国的名士，能收买的就加以收买，不能收买的，就把他们杀掉。这些离间诸侯各国君臣关系的计谋，取得了预期的功效，秦王政很快又任命李斯为客卿。

《谏逐客书》美文传扬

正在李斯一步步实现自己的理想和抱负时，命运却来了个急转弯。先是秦王政九年（前238年），嬴政到秦国旧都雍（今陕西凤翔西南）举行冠礼，发现了假宦官嫪毐（lào ǎi）和太后赵姬的奸情。他下令彻查，结果嫪毐孤注一掷，发动了叛乱。秦王政命令吕不韦率兵平叛，嫪毐率领的乌合之众很快就溃不成军，嫪毐被诛杀，而吕不韦则因为当初举荐嫪毐也受到牵连。第二年，秦王政以失职之名罢免了吕不韦的丞相职务，以铁腕治国，夺回了大权。

大约在这前后，又爆出了主持修建关中水渠的郑国是奸细。原来，郑国是韩国人，他奉韩王的命令，来秦国实施“疲秦计划”。韩王希望通过诱使秦国兴建大型水利工程，使秦国耗费大量的人力、物力和财力，从而无暇顾及吞并东方六国的计划，以此获得喘息之机。

这些事件接连爆发，在秦国朝野引起了轩然大波。秦国的一些宗室大臣趁机向秦王政进言，说：“其他诸侯国前来秦国侍奉大王的士人，大抵是替他所在诸侯国的君主做事，目的是离间、削弱秦国，请大王将客居在秦国的所有士人统统赶出秦国。”李斯是楚国人，自然也在被驱逐的名单中。李斯于是撰写了著名的《谏逐客书》，向秦王政上书驱逐客卿的谬误。

“廷尉之印”封泥

客卿

客卿是秦国设置的官职。其他诸侯国的人来秦国做官，职位为“卿”，以客礼相待，所以称之为“客卿”。如范雎是魏国人，他在秦国就被任命为“客卿”。后来这个词就泛指在本国做官的外国人。

文章开门见山，明确表达了李斯的观点：驱逐客卿是错误的。然后他列举了秦穆公以来，那些帮助秦国发展壮大的客卿，从由余、百里奚、蹇叔，到商鞅、张仪、范雎……他们都对秦国功不可没。李斯用事实说明，众多外来客卿对秦国的富强做出巨大贡献，不能不分青红皂白，驱逐所有客卿。他用这篇文章劝说秦王政权衡利弊，收回成命，广泛任用那些富有才华又愿意效忠秦国的非本国人，来完成秦王的统一大业。

这篇文章立意高远深邃，始终围绕秦国“大一统”的目标，站在秦王政统一天下的高度立论，从正反两方面来进行论证，说明了任用客卿强国的重要性。全文理足词胜，气势恢宏，果然打动了秦王政，他收回了驱逐客卿的命令，恢复了李斯的官职，后来还任命李斯做了廷尉。

李斯的《谏逐客书》，不仅仅是一篇好文章，它还是一个上好的策略，它的社会价值、历史价值远远不止于纠正“逐客”的谬误，而是在一定程度上，为秦王统一天下奠定了策略基础。（商国君）

法家韩非子

韩非是法家思想的代表人物。在战国末年的动乱年代，眼见谗佞奸邪者当道，韩非的满腹才华难以施展，他笔走龙蛇，将衷情寄寓于竹帛，著成《韩非子》一书，对后世影响巨大。

韩非孤愤著书

韩非是战国时期法家的集大成者，又被尊称为韩非子。他本是韩国宗室的公子，作为宗室贵族，韩非从小就目睹了人与人之间的针锋相对、尔虞我诈，感受着社会的世态炎凉。他生活的战国末年，东方六国面对咄咄逼人的秦国，已经明显处于下风，而韩国在六国之中尤为弱小。横亘在秦国东进要道上的韩国，在秦国军事、外交的双重打击下危如累卵，时刻有被强秦吞并的可能。

周赧王五十三年（前262年），秦国派名将白起攻打韩国，攻占了韩国的野王，截断了上党郡与韩国本土的联系。

韩桓惠王指示上党郡守冯亭将上党郡献给秦国以求和。冯亭不愿投降秦国，转而将上党郡献给了赵国。正是这一事件引发了长平之战。

眼见国家面临劫难，青年韩非多次上书韩王，前后约有五年之久。然而，韩非的一片赤诚之心，换来的却是韩王的冷眼相待。

韩非画像

韩非对韩桓惠王不求富国强兵，远离贤人、亲信小人的做法非常愤懑，他感到孤愤无奈。为了纾解心中的郁闷，韩非开始埋头著述，将胸中郁结和理想追求都寄寓于书中，希望能给后人以启示和警戒。

> **郑国渠**
>
> 郑国是韩国的水利专家，他在秦王政元年（前246年）奉韩王之命来到秦国，游说秦王兴修水利，主持开凿了一条西引泾水（泾河）、东注洛水（今洛河，是渭河的支流）的灌溉渠，长达三百余里。韩王的初衷本是拖住秦国向东扩张的步伐，过十几年安稳的日子。当阴谋被揭穿后，“间谍”郑国以水渠灌溉带来的实际经济效益来为自己进行辩解，于是秦王政放了郑国，并令他继续修建水渠。
>
> 水渠建成后，可以灌溉的土地多达百万亩，关中土地从此旱涝保收，秦国也变得更加富强，为以后吞并六国、统一天下奠定了基础。这与韩王的初衷完全相反。人们为了感念郑国的功劳，将这条河渠命名为“郑国渠”。

公子闯荡天下

韩非虽然是韩国公子，却没有担任相关职务，是自由之身。写作了一段时间后，他觉得应该走出去，进一步增强阅历，充实提高自己。后来他拜在大学者荀子门下，成为李斯的同学。学成后，他又回到韩国，继续潜心著述。

韩非有些口吃，并不善于言谈争辩。不过尺

有所短，寸有所长，虽然受先天缺陷的困扰，韩非不能畅快自如地用言语表达，但在文字表述上，韩非却是一把好手。他先后撰写了《孤愤》《五蠹》《内外储》《说林》《说难》等著名篇章，在当时广泛流传，影响颇大。

千丈之堤，以蝼蚁之穴溃；百步之室，以突隙之烟焚。

——《韩非子》

秦王政看过韩非的文章，非常欣赏他的才华，尤其是韩非关于“法、术、势”相结合的君主专制理论，与秦王政的想法不谋而合。秦王政想尽一切办法，想要得到韩非。秦王政十四年（前233年），秦国大军急攻韩国，迫使韩非出使秦国。

韩非向秦王政献上了《存韩》一书，批评李斯的政见，攻击纵横家姚贾奔走列国，不是为了让秦国强大，而是为了中饱私囊。他也因此得罪了李斯、姚贾二人。

作为同学，李斯深知韩非的才能远在自己之上。他见秦王政如此重视韩非，心生妒忌，担心韩非取代自己的地位，于是与姚贾密谋，上书秦王政，诬陷韩非：“韩非是韩国的公子，如今大王想要统一天下，吞并诸国，韩非肯定不会为秦国的利益着想，这是人之常情。如今大王不任用韩非，时间久了，等他回到韩国，一定会成为祸患，不如设法把他杀了。”

秦王政认为李斯言之有理，就把韩非投入了监狱。韩非想要面见秦王，为自己辩解，但由于李斯从中作梗，韩非没能见到秦王政。为免夜长梦多，李斯派人给狱中的韩非送去毒药，逼他服毒自杀。后来秦王政后悔了，想要赦免韩非，但为时已晚，李斯禀报说韩非已经自杀身亡了。秦王政追悔莫及。

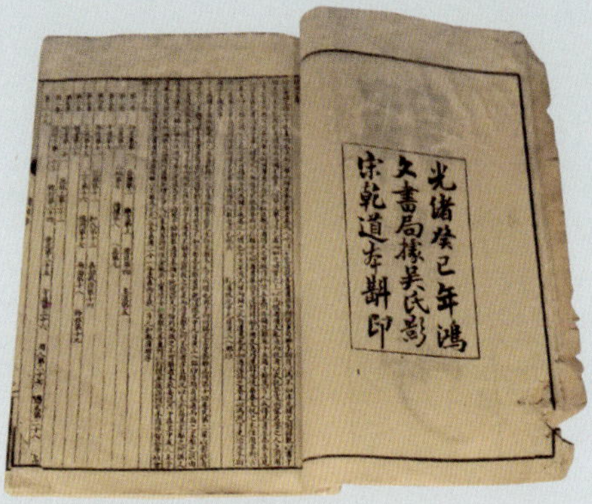

《韩非子》书影

著作流传后世

韩非死后，人们将他的著述搜集起来，编成《韩非子》一书。《韩非子》共有55篇，是现存先秦诸子著述中篇幅最多的。韩非在书中重点宣扬了“法、术、势”相结合的君主统治理论，这一理论达到了先秦法家理论的高峰，为秦统一六国提供了理论武器，也为以后的中央集权制提供了理论依据。

《韩非子》的主要观点和特色，概括起来，大致有以下几点。

首先是政治思想。面对战国末年新旧势力激烈斗争和诸侯割据的局面，韩非总结了天子弱小而诸侯强大的历史教训，主张建立统一的君主集权国家。为了使君主的神圣权力不受侵犯，韩非主张尊君卑臣，强化君主权威，明确提出中央集权的模式。为了更好地控制臣下，君主必须牢牢掌控主动权，对臣下进行生杀予夺、赏罚升迁，

郑子产画像

子产是春秋时期郑国著名的政治家、思想家，他率先将郑国的法律铸造在“刑鼎”上，并公之于众，这标志着中国历史上第一部公开成文法的诞生。

不同任何人分享。

其次是法律思想。改革图治、变法图强是韩非思想中的重要内容，他继承了商鞅“治世不一道，便国不法古”的思想传统，主张以变法应对时代的变化，适应新时代的需求。韩非认同老师荀子的性恶说，认为人性都是趋利避害的，这便是制定、施行法律的基础。他主张“以法治国”，强调法的权威性，主张事无巨细都要以法律作为衡量是非曲直的唯一标准。

韩非还第一次明确提出“法不阿贵”的思想，无论贫富贵贱，都应当一视同仁地依法处置，这是他对中国法治思想的重大贡献。儒家讲求“礼不下庶人，刑不上大夫”，而以韩非为代表的法家则把它发展成“法律面前，人人平等”，即使是出身显贵的权贵，犯了律法也不能徇情。

韩非的文章说理精密，文风犀利，条理清晰，切中要害，文学性也很强。他善于用大量浅显的寓言故事和丰富的历史知识作为论证资料，来说明抽象的道理，形象化地体现他的法家思想和对社会、人生鞭辟入里的深刻认识。一些著名的成语故事，如自相矛盾、守株待兔、滥竽充数、郑人买履等，最早都出自《韩非子》，如今已经脍炙人口，被人们广泛运用。（商国君）

战国中期镶嵌绿松石菱形纹方鉴

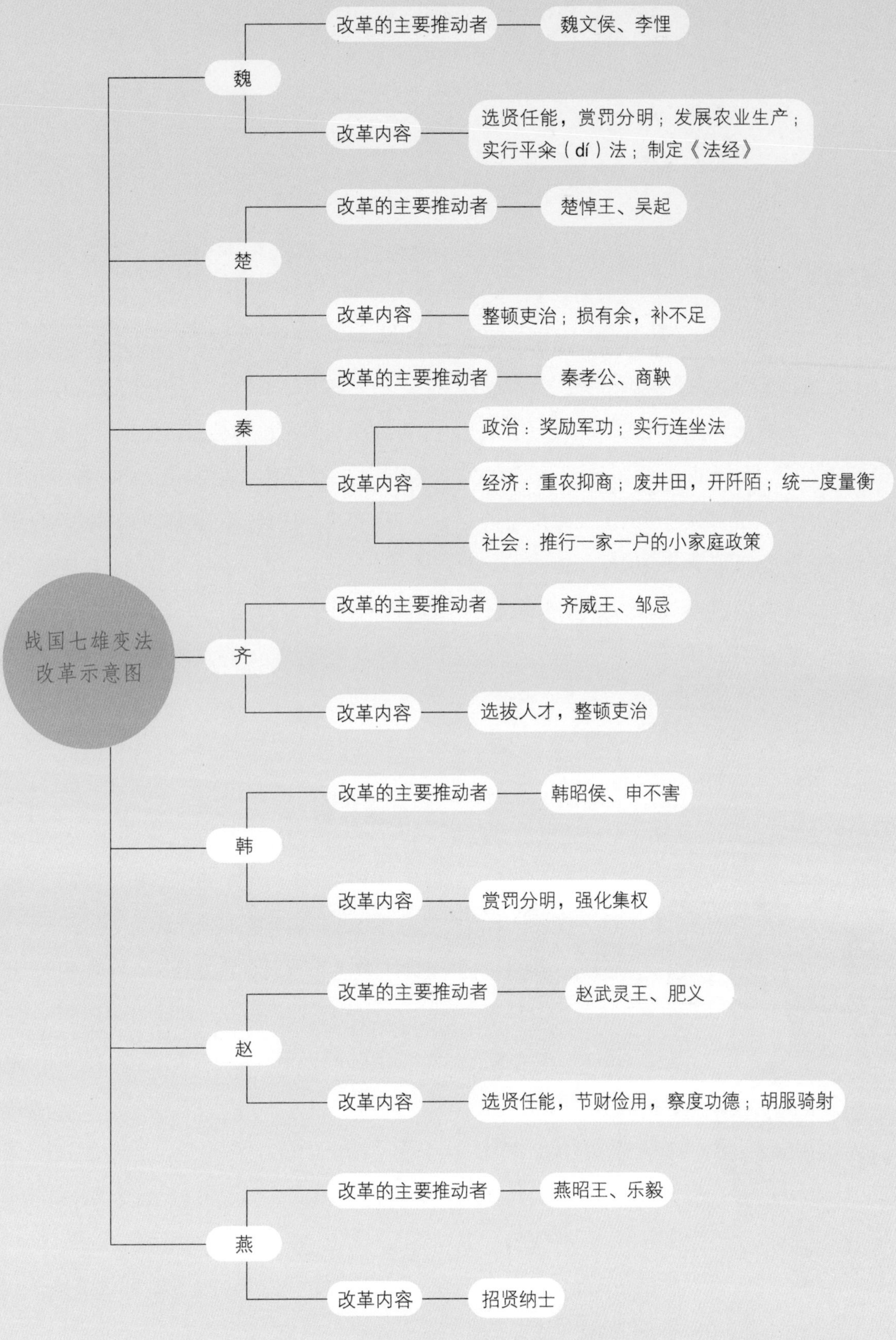
战国七雄变法改革示意图
魏
改革的主要推动者
魏文侯、李悝
改革内容
选贤任能，赏罚分明；发展农业生产；实行平籴（dí）法；制定《法经》
楚
改革的主要推动者
楚悼王、吴起
改革内容
整顿吏治；损有余，补不足
秦
改革的主要推动者
秦孝公、商鞅
改革内容
政治：奖励军功；实行连坐法
经济：重农抑商；废井田，开阡陌；统一度量衡
社会：推行一家一户的小家庭政策
齐
改革的主要推动者
齐威王、邹忌
改革内容
选拔人才，整顿吏治
韩
改革的主要推动者
韩昭侯、申不害
改革内容
赏罚分明，强化集权
赵
改革的主要推动者
赵武灵王、肥义
改革内容
选贤任能，节财俭用，察度功德；胡服骑射
燕
改革的主要推动者
燕昭王、乐毅
改革内容
招贤纳士

荆轲刺秦王

战国乱世，社会风气普遍尚武。这一时期，涌现出一大批具有传奇色彩的刺客，荆轲就是其中的代表人物。荆轲刺秦王的故事经过司马迁的生花妙笔，代代流传，为中华民族的精神内核注入了浓烈的侠义气质。

田光荐荆轲

战国末期，秦国的军队四处征战，首先灭掉韩国，魏、赵也是强弩之末。秦国很快就将跨过易水（在今河北省西部）打到燕国，燕国上下笼罩在亡国的阴影中。燕国的太子丹是燕王喜的儿子，他曾在秦国当人质，因被秦王无礼对待，实在待不下去了，于是瞅了个机会逃回了燕国。他十分痛恨秦国，眼看在战场之上无法战胜秦国，就想兵行险着，派刺客刺杀秦王政。

太子丹找来隐士田光商量刺杀秦王政的事情。田光自感年事已高，力不从心，于是向太子丹推荐了荆轲。

荆轲的祖上本是齐国的贵族，后来迁居卫国，便改为荆氏。受社会风气的影响，荆轲年少时就喜欢击剑，长大后游历天下，结交四方豪杰。他来到燕国后，和擅长击筑（古代的一种乐器，形似筝）的高渐离成为了好朋友。二人经常在酒肆之中聚会，酒酣之时，高渐离击筑，荆轲唱歌，唱到动情处，荆轲每每旁若无人地涕泗横流。正是在燕国，荆轲结识了著名的隐士田光。田光对荆轲非常赏识，认为荆轲虽然落魄嗜酒，但胸有大志，胆识超人，必不甘久居人下。

燕王职壶

田光离开之前，太子丹对田光说："今天我与你谈的所有事都极为机密，先生千万不要泄露出去。"田光笑了笑说道："请您放心，誓不外泄。"

田光找到荆轲，把事情的来龙去脉告诉了荆轲，最后又说："太子让我不要泄露刺杀秦王的事，这说明太子还是对我不放心。请你告诉太子，田光已死，永远不会泄露机密了。"话音刚落，田光拔剑自刎而亡。

沉重的礼物

荆轲立即去拜见太子丹，告诉他田光自杀的消息。太子丹听后痛哭不已，说道："这并不是我的本意啊！想不到您竟然用生命来践行您的诺言。"哭罢，太子丹又对荆轲说道："如今秦国贪得无厌，它吞并了韩国仍不满足，又向南攻打楚国，北面攻赵。赵国一旦抵挡不住秦国的进攻，燕国就危在旦夕了。我想请先生劫持秦王，逼迫他退还各国的土地；如果他不答应，就杀了他。秦王一旦死了，秦国国内群龙无首，就会立刻混乱起来。"

荆轲说："这是国家大事，我才能低下，恐不足以胜任。"

东汉画像石《荆轲刺秦王》拓片

太子丹见荆轲推辞，急忙向前一步，连连顿首，再三请求。荆轲只得答应下来。

过了一段时间，秦国大将王翦攻破赵国，继续挥师东进，已经打到了燕国的边境。太子丹越加着急，就催促荆轲动身。荆轲说："秦王多疑，想要接近他，必须携带贵重的礼物来诱骗他，使他放松警惕。"

太子丹不解地问："秦王富有天下，什么礼物能够打动他呢？"

荆轲说："有两样东西一定可以，一是督亢（今河北涿州东）的土地，这是燕国最肥沃、富饶的土地；二是樊於期（wū jī）的首级。樊於期是秦国的叛将，秦王对他恨之入骨，曾悬赏千金捉拿他。如果将这两样东西奉上，秦王必定喜欢。"

太子丹对献上督亢之地没有意见，毕竟这只是用来作为诱饵，也不是真的将这些土地进献给秦国。他马上派人把督亢的地图拿来交给荆轲。但他却不愿杀樊於期，他犹豫地说道："樊将军在穷途末路的时候来投奔我，我怎能以一己之私而取他的人头呢？"

荆轲知道太子丹不忍心要樊於期的人头，就私下去找樊於期，他说："秦王将您的父母、宗族都杀光了，将军可曾想过要报仇？"樊於期仰天而泣道："我恨透了秦王，无日无夜不想报仇，但实在没有什么好办法。"荆轲说："我决定去刺杀秦王，但需要用将军您的首级作为礼物，以此来接近秦王。将军觉得怎么样？"樊於期一听，立刻热血沸腾，他猛地站起身，扼腕说道："这正是我日夜盼望的事，今天终于得偿所愿了！"随后毅然拔剑自刎。

易水送别

为了确保行刺计划万无一失，太子丹花重金购得了一把匕首，这把匕首是由赵国著名的铸剑人徐夫人打造的，锋利无比。太子丹命人用剧毒给匕首淬火，只要用这匕首划破人身体的任何部位，被刺之人都会毒发身亡。燕国有个勇士叫秦舞阳，十三岁就敢杀人，人们都不敢用正眼看他。太子丹又把秦舞阳指派给荆轲，担任他的副手。

出发那天，太子丹和知道内情的少数几个宾客在易水边为荆轲饯行。众人知道荆轲此行必定是有去无回，都穿着一身白色的孝服前来送行。荆轲的挚友高渐离也来了，祭拜仪式结束后，他击筑一曲，荆轲随着乐曲唱起歌来，歌声苍凉、悲壮。众人默默不语，纷纷低头垂泪。荆轲最后

> 于易水送人
>
> ［唐］骆宾王
>
> 此地别燕丹，壮士发冲冠。
> 昔时人已没，今日水犹寒。

唱道："风萧萧兮易水寒，壮士一去兮不复还。"

歌罢，荆轲与秦舞阳登上车驾，头也不回地离去了。

图穷匕首见

荆轲来到秦国都城咸阳后，用重金贿赂了秦王政的宠臣蒙嘉，让蒙嘉替自己在秦王面前说好话。秦王政听说燕国使者带来了樊於期的人头和督亢地图，很是高兴，马上安排了隆重的接见仪式。荆轲捧着装有樊於期头颅的盒子，秦舞阳捧着装地图的匣子，一步一步地登上高高的台阶。

走进戒备森严的大殿，两旁站满了威风凛凛的铁甲武士，没见过大场面的秦舞阳害怕得脸色都变了，浑身不住地颤抖起来。秦国的大臣们都感到很奇怪：这人怎么怕成这样？荆轲回过头来，见秦舞阳脸色又青又白，便笑着说道："他是北方蛮夷之地的粗人，没见识过大王的威严，所以才紧张成这样，还请大王不要怪罪他。"

秦王政对荆轲说："你把地图拿上来给寡人看吧。"

荆轲从秦舞阳手中接过地图，低着头，慢慢走到秦王政身旁。

地图慢慢地打开，荆轲一个地方一个地方地指给秦王看，等地图全部打开，一柄锋利的匕首露了出来！

荆轲左手抓住秦王的衣袖，右手拿着淬了毒的匕首用力刺向秦王。秦王惊骇万分，本能地向后一跳，想要躲开这一击。他一用力，扯断了袖子。没了束缚的秦王急着拔出自己佩戴的宝剑，谁知剑太长，一时之间拔不出来。秦王急忙跳过旁边的屏风，想要往外跑。荆轲已经拿着匕首追上来了，秦王只好狼狈地绕着大殿上的柱子跑，左躲右闪，躲避着荆轲的刺杀。

殿上的群臣都吓傻了，惊恐地站在原地。按照秦国的法律，殿上的臣子都不能携带兵器，而那些带兵器的侍卫则远远地站在宫殿外的台阶下面，没有君王的命令不能擅自上殿。

人群中有人空手扑了上去，站在大殿旁的御医也拿起手中的药箱朝着荆轲扔过去，秦王趁机逃出追杀。殿下的大臣们急忙高喊："大王背剑！"秦王连忙把佩剑移到背后，一下就拔出了宝剑。秦王宝剑在手，朝荆轲挥去，一剑砍断了荆轲的左腿。荆轲摔倒在地，他强忍着疼痛，举起手中的匕首用力朝秦王掷去。可惜匕首没有击中秦王，直直地掠过秦王，钉在了柱子上。秦王又连刺了荆轲八剑。

荆轲知道自己的刺杀任务失败，就斜倚着柱子席地而坐，艰难地骂道："我本想生擒你，逼你退还诸侯的土地，以此回报燕太子……"话还未说完，秦王政的侍卫就上前斩杀了荆轲。秦王政躲过一劫，过了好久才从惊恐中缓过神来。

（何昭旭）

> **图穷匕见**
>
> "图穷匕见"这个成语就来自"荆轲刺秦王"的历史故事，典故出自《战国策·燕策三》，"图穷而匕首见"，《史记·刺客列传》也有类似的记载。后来"图穷而匕首见"简化为成语"图穷匕见"或者"图穷匕首见"，用来比喻事情发展到最后，真相或本意完全显露出来。

图书在版编目（CIP）数据

新时代版上下五千年．春秋战国 / 张海鹏总主编．
上海：少年儿童出版社，2024. -- ISBN 978-7-5589
-1973-2

Ⅰ. K209

中国国家版本馆 CIP 数据核字第 2024J7F428 号

新时代版

上下五千年·春秋战国

张海鹏　总主编

王育济　于化民　执行主编

责任编辑 曹　燕　王弃惑　美术编辑 施喆菁

责任校对 黄亚承　技术编辑 陈钦春

出版发行 上海少年儿童出版社有限公司

地址 上海市闵行区号景路 159 弄 B 座 5-6 层　邮编 201101

印刷 上海中华印刷有限公司

开本 889 × 1092　1/16　印张 11.5　字数 240 千字

2024 年 7 月第 1 版　　2024 年 7 月第 1 次印刷

ISBN 978-7-5589-1973-2 / G · 3796

定价 82.00 元